Nachdenken
mit Peter Bachér

Nachdenken
mit Peter Bachér

Langen*Müller*

© 2014 Langen*Müller* in der
F. A. Herbig Verlagsbuchhandlung GmbH, München
Alle Rechte vorbehalten
Umschlaggestaltung: Wolfang Heinzel
Umschlagmotiv: getty images
Satz: VerlagsService Dietmar Schmitz GmbH, Heimstetten
Gesetzt aus: 10,5/13,6 Garamond BQ Regular
Druck und Binden: GGP Media GmbH, Pößneck
Printed in Germany
ISBN 978-3-7844-3363-9

Auch als

www.langen-mueller-verlag.de

INHALT

VORWORT

Dies ist ein »Danke-an-mein-Leben«-Buch. Keine Autobiografie. Nur ein paar Momentaufnahmen aus dem Wunder, als das ich mein Leben immer empfunden habe. Ich glaube, dass der französische Nobelpreisträger Jacques Monod recht hatte, als er sagte: Wir alle, die wir auf diesem herrlichen Planeten geboren wurden, sind Gewinner in der »Lotterie des Lebens«.

Wir dürfen für kurze Zeit all das Herrliche schauen, das die Schöpfung für uns bereithält in einem Universum, in dem es sonst kein Leben gibt. Und das größte aller Wunder ist, einem Menschen in einer großen Liebe verbunden zu sein, die den Glanz und den Zauber des Anfangs auch durch schwere Zeiten hindurchrettet. Ich hatte dieses Glück, über 61 Jahre – und jeder Tag mit meiner Frau war in unserem Gefühl ein geschenkter Tag.

Dass ich, leidenschaftlicher Journalist, dann auch noch in Axel Springer einen Verleger und Freund fand, der mir drei seiner großen Blätter als Chefredakteur und Herausgeber anvertraute –, das war beinahe des Glücks zu viel. Dieser geniale Zeitungsmann war es auch, der mich immer wieder ermutigte, meine alltagsphilosophischen Texte in den Sonntag hineinzuschreiben, »das sind Sie Ihrem Talent schuldig«.

Schon 1954 schrieb ich als junger Redakteur meine erste Kolumne, die beweist, welch große Aufmerksamkeit ich den kleinen Dingen des Lebens widme.

Ein Kind bangt um seinen Vater

Da stand der kleine Kerl, vielleicht fünf Jahre alt, am Nordseestrand. Er hielt seine dünnen Arme vor das Gesicht geschlagen und weinte. Ein Großstadtkind.

Es sah, was es noch nie gesehen hatte: Sein Vater war irgendwo da draußen, mitten im tobenden Wasser.

Es konnte den Kopf seines Vaters kaum erkennen. Immer wieder gingen die Wellen drüber hinweg. Sah es nicht aus, als ob der Mann im Wasser um sein Leben rang?

Aber der Vater genoss es, sich von den Wellen verschlucken zu lassen. Sein erstes Bad in diesem Jahr! Er ahnte nichts von den Ängsten seines Kindes.

Wirklich ein herzzerreißender Anblick, wie der Junge verloren am Ufer nach seinem Vater rief, wie der Wind ihm die Schreie vom Munde riss, aber der Vater verschwand wieder unter den Wellen – achtmal, neunmal, zehnmal.

Als er schließlich, nach langen bangen Minuten, erschöpft vom wilden Bad, herauskam, rannte, raste der Junge ihm entgegen, schlang seine Arme um die Beine des Vaters, schrie vor Freude.

Es war also doch nicht so, wie in der dummen Geschichte vom Seeungeheuer, das die Menschen zu sich holt – Vater lebt.
Hand in Hand gingen sie dahin, der Mann und sein Kind.

Fast tausend Kolumnen sind es in vierzig Jahren geworden, eine Auswahl davon mit den unterschiedlichsten Themen habe ich hier getroffen, die zugleich auch Erfahrungen meines Lebens widerspiegeln. So ist dieses Buch auch ein »Danke-an-meine-Leserinnen-und-Leser-Buch«, von denen ich mir wünsche, dass es Sie erfreut – und dass die nachdenklichen Texte Ihnen immer wieder etwas sagen.

Das Leben ist geheimnisvoll. Wie wäre es anders zu erklären, dass ich über achtzig Jahre – acht ganze Jahrzehnte! – nicht gelebt hätte, wenn nicht im Jahr 1932 ein Wunder geschehen wäre – durch einen Arzt in Rostock, der Stadt, in der ich am 4. Mai 1927 das Licht dieser ebenfalls sehr geheimnisvollen Welt erblickte. Ich muss in jenen Kinderjahren den Traum vom Fliegen geträumt haben. Vielleicht lag es daran, dass mein Vater, Pilot im Ersten Weltkrieg, so oft von der Unglaublichkeit erzählte, hoch oben im Himmel zwischen den Wolken mit Motorkraft – aber auch im Dahingleiten im Segelflugzeug, auf die kleine Erde schauen zu können – ein Blick, der nur wenigen Menschen in jenen Anfangsjahren der Fliegerei vergönnt war.

Ich jedenfalls übte Fliegen im Kinderzimmer. Ich stellte mich auf den Nähtisch, der neben meinem Bett stand, breitete meine Arme weit aus und stürzte mich von oben in die Federkissen. Immer und immer wieder. Dabei muss ich an einem Unglückstag ausgerutscht und mit dem Bauch auf die eiserne Kante des Bettgestells gestürzt sein. Ich muss vor Schmerzen geschrien haben, denn meine Mutter holte sofort den Arzt aus der Nachbarschaft. Er verordnete Bettruhe und Wärmflasche, vielleicht auch Wadenwickel, ich weiß es nicht mehr.

Keine Familienchronik hat diesen dramatischen Tag festgehalten. Wenn ein Fünfjähriger mal stürzt, was ist
schon dabei?

Kurz darauf soll mein Vater heimgekommen sein, mich
gesehen und ein merkwürdiges Gefühl bekommen
haben. Auf jeden Fall ließ er es nicht bei der Wärmflasche bewenden, sondern holte sofort einen Freund, den
er von der Universität kannte – mein Vater bereitete sich
dort als Chemiker auf seine Professorenlaufbahn vor.

Alles, was nun geschah, ist mir später berichtet worden –
also in all den achtzig Jahren, die ich eigentlich nicht
mehr auf dieser wunderschönen Erde erlebt hätte. Aber
es gab eben diesen wunderbaren Arzt, der mich anschei-
nend wohl recht gründlich untersuchte und dann sofort
in seine Klinik mitnahm. Dort wurde ich operiert, die
Entscheidung fiel schnell. Eine neun Zentimeter lange
Narbe auf meinem Bauch erinnert mich noch heute täglich daran. Es heißt, der Arzt habe an der wechselnden
Gesichtsfarbe erkannt, dass es sich bei mir um eine
innere Blutung handeln muss. Da hilft natürlich keine
Wärmflasche, da muss das Skalpell ran.

Und seine Befürchtungen wurden Minuten später bestä-
tigt: Meine Milz war zerrissen, sie wurde sofort entfernt.
Ohne diesen Arzt, ohne seine Fähigkeit, ohne Röntgen-
bild die richtige Diagnose zu stellen, und ohne seine
Entschlossenheit, sofort zu handeln und keine kostbare
Zeit zu verlieren, wäre ich innerlich verblutet, hätte ich
noch in derselben Stunde das Zeitliche gesegnet.

Das Leben bleibt geheimnisvoll. Es ist der 22. März
1947, zwei Jahre nach Kriegsende, Deutschland immer

noch ein Trümmerfeld. Schlangestehen um einen Laib Brot bis zu zwei Stunden. Meine Mutter, meine Schwester Ingrid und ich, wir wechselten uns beim Bäcker ab. Jeder eine halbe Stunde. Oft haben wir endlos gewartet – und dann gab es doch kein Brot. Ausverkauft. Die Maissäcke aus Amerika waren noch nicht im Lübecker Hafen eingetroffen.

Ich schäme mich noch heute, dass ich nachts in die Küche schlich, um von meiner Großmutter einen Esslöffel Trockenmilch zu stehlen – ich wusste, wo sie die Spende aus dem Carepaket versteckt hatte. Und nicht nur draußen herrschte klirrende Kälte, auch drinnen im Haus Ratzeburger-Allee 18 –, geheizt wurde nur stundenweise. Beim Theaterbesuch mussten wir ein Brikett mitbringen – sonst gab es keinen Eintritt.

Ich war aus eineinhalbjähriger US-Kriegsgefangenschaft zurück, wollte Journalist werden, einen anderen Beruf konnte ich mir nicht vorstellen. Schon als Zwölfjähriger hatte ich in Berlin-Zehlendorf beim Radeln an der Krummen Lanke »Leitartikel« vor mich hin diktiert. Und in Obergrainau, unterhalb der Zugspitze, wo sich 1944 der Himmel verfinsterte, wenn US-Bombergeschwader von Italien aus gen München flogen und ihre tödliche Last abwarfen, schrieb ich meinen ersten gedruckten Artikel für die »Garmischer Zeitung« über eine Schwimmbaderöffnung.

Und nun war 1947 in Lübeck der Tag aller Tage gekommen – der 22. März, eine Einladung eines Freundes-Clubs »Amicica« zu einem Maskenball im »Kahn«, der nahe dem Lübecker Holstentor in eine Tanzdiele umfunktioniert worden war. Meine Großmutter hatte mir in der Verwandtschaft einen roten Umhang besorgt, ich ging als »Teufel«, ein Kartenspiel in der Tasche, ich zauberte damals viel. Ich hatte mit der magischen Kunst schon als Kriegsgefangener manche Packung »Chesterfield« oder »Lucky Strike« erzaubert, auch an die lange »Pall-Mall«-Zigarette erinnere ich mich, die wir in zwei Etappen rauchten. Ich wurde auch Mitglied im Magischen Zirkel – und gab diese Kunst erst ein paar Jahre später auf, als ich 1953 zu BILD kam, dort galt es von nun an, mit Worten die Leser zu bezaubern.

An diesem Abend, an diesem klirrend kalten Tag im Hungerwinter 1947, an dem ich nichts erwartete, sollte das Wichtigste geschehen, was das Leben für mich bereithielt: Ich begegnete dem jungen Fräulein Rosi Schütt. Schon in dem Augenblick, da sie ihren Mantel an der Garderobe abgegeben hatte, forderte ich die maskierte junge Dame zum Tanzen auf, ein überaus mutiges Unterfangen, denn meine Tanzkünste waren von der Tanzschule »Möller« als sehr dürftig benotet worden – »das Taktgefühl geht Ihnen leider völlig ab«.

Deshalb versuchte ich – gleichsam als Wiedergutmachung für mein Herumtrampeln auf den Füßen der höchst attraktiven jungen Dame, sie mit meinem besten Kartentrick in der Tanzpause bei Laune – und bei mir zu halten: Die von ihr erdachte Spielkarte erschien plötzlich in ihrer Handtasche. Rosi war von meinen Künsten wie verzaubert. Aber nicht lange, denn plötzlich erschien auf dem Tanzboden ein Hühne von Mann, bestimmt fast zwei Meter groß, ein reicher Lübecker

Kaufmann, Erbe eines Textilunternehmens – da konnte ich kleiner Zeitungsvolontär gar nicht mithalten, und schnappte mir meine Partnerin sekundenschnell weg. Mein Gott, konnte dieser Mann gut tanzen! Ich sah alle meine Chancen dahinschwinden, aber als eine Stunde später um Mitternacht die Demaskierung kam, da war ich es – und nicht der große Blonde –, der zur Stelle war.

Und eine Erkenntnis überfiel mich sofort, die mich dann mein ganzes Leben begleitet hat: Das Glück kann kommen, auch wenn die Not am größten ist. Auch wenn es so aussieht, als ob das Glück dir zu entgleiten droht. Und das Glück fragt nicht nach Tag und Jahr. Es meldet sich nicht an. Es ist ganz einfach plötzlich da. Und wenn es gekommen ist – dann muss man es festhalten, ganz einfach festhalten.

Ein Wiedersehen zwei Tage später wurde verabredet, und was dann folgte, waren Spaziergänge, Spaziergänge, Spaziergänge – Gespräche, Gespräche –, ein Gedankenaustausch ohne Ende, am liebsten am Brodtener Steilufer bei Travemünde. Das Meer hatte immer eine magische Wirkung auf uns, ja, es muss einen Virus geben, der in uns immer wieder eine unbändige Sehnsucht nach dem Meer wachrief.

Alles Mühselige, alle Unruhe des alltäglichen Lebens – hier fiel es von uns ab, wie eine Welle, die zu kraftlos ist, um noch an Land zu rollen, und vorher umkippt. Je länger wir zusammen waren, umso öfter spürten wir einen Gleichklang, wenn es galt, die Ziele für unsere kleinen Reisen festzulegen: Lugano, Venedig, Rom, Palermo,

Ibiza, Capri, London, New York waren die Ziele unserer Sehnsucht.

Und es gab ein Ziel, das uns stärker anzog als alle anderen: Jerusalem. Mein Freund Hans Habe hatte in seinem Israel-Report »Wie einst David« geschrieben, dass er sprachlos eine Stunde vom Fenster des King-David-Hotels auf die goldene Kuppel des Felsendoms geblickt hatte. Ich hielt das für eine maßlose Übertreibung, aber sie sei einem Schriftsteller erlaubt. Und was geschah mit uns?

Rosi und ich blieben ebenfalls eine endlose Zeit wie verzaubert stehen. Gleich würden wir durch die Gassen laufen, die Via Dolorosa entlang, wir würden Wege kreuzen, die schon Jesus gegangen ist.

Wer kann da ohne Gefühl bleiben? Ja, die Israel-Reisen haben uns verändert.

Die Gespräche mit den »Davongekommenen«, den Überlebenden des Holocausts, der Blick in ihre Gesichter, die Erfahrung ihrer ständigen existenziellen Bedrohung – als Kontrast die vergleichsweise Harmlosigkeit unserer deutschen Probleme zu Hause –, all das hat uns immer wieder demütig und dankbar gemacht. Kein anderes Reiseziel auf der Erde hinterlässt so tiefe Spuren in unserer Seele. Und wem in der Halle der toten Kinder in der Erinnerungsstätte Yad Vashem keine Tränen kommen, dem ist wahrlich nicht zu helfen.

In einem Brief zum 60. Geburtstag meiner Rosi habe ich versucht, das Geheimnis unserer glücklichen Ehe zu beschreiben: »Wir nehmen, von Tag zu Tag mehr, jeden Tag als Geschenk entgegen. Der Morgen ist eine bunte

Kugel, die wir bestaunen, mit dem Abend verlöschen die ungenützten Chancen. Die Bilder des Lebens wechseln immer schneller, wir wissen beide: Unendliches haben wir noch zu besprechen, die große Frage nach dem Sinn all unseres Tuns, die Frage nach Gott, die Frage, ob wir unseren Kindern genug sein können – alles, alles wartet noch. Denn was ist eine gute Ehe? Eine gute Ehe ist das Gespräch ohne Anfang und Ende. Eine gute Ehe ist das Gefühl, dass das Leben vorher nicht von dieser Welt war, dass eigentlich alles erst begann, als der geliebte Mensch kam. Eine gute Ehe ist für einen Mann die große Chance, die ganze Welt zu umarmen – in seiner Frau.«

Das Leben bleibt weiter geheimnisvoll, denn es gab für mich 1978 Momente, da glaubt man zu träumen. Da steht man gleichsam neben sich und wundert sich, was da alles geschieht. Man kann es eigentlich nicht fassen, und doch ist es Realität: Ja, ich bin in Rom; ja, ich bin mit einer kleinen Delegation im Vatikan; ja, die Tür öffnet sich und der Heilige Vater tritt mir entgegen; ja, ich werde ihm jetzt die »Goldene Kamera« überreichen, es beginnt ein Dialog mit Johannes Paul II über die Rolle der Medien in der modernen Welt. Seine Bitte an mich, wir mögen mit unserer HÖRZU – damals immerhin Europas Zeitschrift mit der größten Auflage – mithelfen, »die Menschen zu einem kritischen Gebrauch der neuen Kommunikationsmittel anzuhalten«, hatte geradezu prophetischen Charakter. Denn als der Papst diese Bitte aussprach, waren TV-Sendungen wie das »Dschungelcamp« als Höhepunkt abendlicher Unterhaltung noch nicht einmal in Planung.

Schon als ich die päpstliche Bibliothek betrat, wurde ich von dem Gefühl getragen, jetzt die wohl glanzvollste Stunde zu erleben, die das Schicksal für mich als Journalist bereithält. Mein Herz schlug im Halse, mein Blutdruck muss in schwindelnde Höhen geschossen sein –, kein Protokollfehler durfte jetzt passieren, meine Nerven waren aufs Äußerste angespannt.

Nun musste ich meinen Text sprechen, der den Fernsehpreis begründet. Ich befand mich in einer totalen Ausnahmesituation, obwohl mir – wie ich später in Filmaufnahmen sah – äußerlich nichts anzumerken war. Aber wie es drinnen bei mir aussah ... das ging diesen Papst eben doch etwas an! Denn plötzlich trat er dicht an meine Seite, legte die Hand auf meine Schulter und sagte: »Auch ich habe eine kleine Rede vorbereitet – und wir beide werden das jetzt sehr gut machen.« In derselben Sekunde wich alle Anspannung, die kleine feierliche Zeremonie ging in einer gelösten Stimmung zu Ende – der Heilige Vater hatte nichts anderes getan, als sich in meine Lage zu versetzen – ohne Frage ein Zeichen höchster Lebenskunst. Nie wieder habe ich eine solche Wirkung – nur mit einer Geste, nur mit wenigen Worten erzielt – in dieser Intensität erlebt.

Auf dem Heimflug nach München notierte ich in mein Tagebuch: Folge immer deiner inneren Stimme, versuche zu erkunden, wie es dem Menschen wirklich geht, mit dem du es gerade zu tun hast – rede wenig, höre dafür mehr zu. Und was soll ich sagen: Heute, drei Jahrzehnte später, weiß ich: Mein Leben ist reicher und glücklicher geworden. Für mich ist nichts spannender und beglückender, als in andere Leben hineinzuschauen. Davon leben Literatur, Theater, Film. Aber Leben live zu erleben, das ist noch mal etwas anderes – es ist das Schönste.

Als Redakteur sitzt man in der Redaktion, hält die Fäden zusammen, ist ein »Blattmacher« –, wie man in unserer Branche sagt. Wenn man aber rausgeht – als Reporter, als Interviewer –, dann kommt noch eine zweite Dimension ins Spiel, dann entfaltet der Beruf erst seinen wahren Zauber. Und wenn man dann noch das Glück hat, für große, hoch angesehene Zeitungen und Zeitschriften unterwegs zu sein, dann öffnen sich auch Türen, die sonst verschlossen sind. So bin ich dankbar, über Jahrzehnte für die »Welt am Sonntag« mit Menschen sprechen zu dürfen, die etwas zu sagen haben, die vieles von dem besitzen, wovon andere nur träumen – Geld, Macht, Glanz –, die aber auch Schattenseiten erleben mussten. Sie alle haben mir geholfen, immer wieder die eigene Mitte zu finden. Es gibt kein Gespräch, wenn es denn ernsthaft geführt wird, aus dem man nicht ein Stück Lebensweisheit mitnehmen kann. »Alles Leben ist Begegnung«, hinter dieser Chiffre des großen jüdischen Religionslehrers Martin Buber verbirgt sich eine leider oft verkannte Lebenswahrheit. Und Goethe fragte in seinem »Märchen«, was herrlicher ist als Gold, und antwortet: »Das Licht. Und was ist erquicklicher als das Licht?«, fragt er weiter und antwortet: »Das Gespräch.«

Ein paar Glanzpunkte aus den über einhundert Gesprächen mit sogenannten Prominenten habe ich in meinem Tagebuch festgehalten.

Ich sprach mit Justus Frantz, Pianist, Dirigent und Schöpfer der »Philharmonie der Nationen«, der mir immer wie ein Künstler erschien, der nur die sonnige Seite der Straße kennt: »Da vergessen wir mal nicht, dass ich nach einem Sturz in China fast ein halbes Jahr im Bett liegen musste, nicht die kleinste Bewegung war erlaubt, um eine Querschnittslähmung zu vermeiden. Damals habe ich begriffen, was Zeit für ein Geschenk ist. Sie werden nicht erleben, dass ich abends vor dem Fernseher sitze und hoffe, dass ein Film doch noch irgendwie besser wird.«

Ich sprach mit Friede Springer, die 1985 in der Zeit der Trauer nach dem Tod ihres Mannes in eine Einsamkeit bis an die Schmerzgrenze fiel und dann erlebte, dass Freunde sich nicht meldeten, weil sie Rücksicht üben wollten, aber Friede Springer hat Zeichen der Zuwendung doch sehr vermisst: »Ich habe viel in jener Zeit gelernt. Wenn ich heute höre, dass einem Freund oder einem Bekannten etwas zugestoßen ist – ein Autounfall, eine Operation, ein Kind ist schwer erkrankt, gleich, was es sein mag –, ich setze mich hin und schreibe sofort. Ich habe keine Hemmungen mehr, dies zu tun. Ich weiß ja, wie wichtig es ist, in solchen Momenten einen Beweis der Verbundenheit, der Freundschaft zu bekommen.«

Ich sprach mit Michael Gorbatschow in Münster, wo er in einem Hotelzimmer auf Nachrichten von seiner Frau Raissa wartete, die – mit Leukämie erkrankt – in einem benachbarten Krankenhaus auf die Kunst deutscher Ärzte hoffte. Ein nachdenkliches Gespräch über Leben und Tod mit einem der mächtigsten Männer dieser Erde, den ich Jahre zuvor in Moskau in den prunkvollen Sälen im Kreml erlebte, als Bundespräsident Richard von Weizsäcker ihm 1987 beim Staatsbesuch gegenübertrat. Und nun saß er mir fern von allem Glanz der Macht, fast unscheinbar gegenüber, und sagte diesen unglaublichen Satz: »Die tödliche Krankheit kam zu meiner Frau wie Schnee im Juli, aber wie kann man Krieg gegen das Schicksal führen?«

Ich sprach mit Stefanie Graf, weltberühmte Tenniskönigin, in einem Hotel in Bad Neuenahr über ihren Vater, der als angeklagter Steuersünder in Fußfesseln vor Gericht erscheinen musste – worauf die Tochter gegen den staatlichen Hochmut zu rebellieren begann: »Bis dahin galt ich als eher emotionslos, ja, ich wurde sogar als langweilig dargestellt, jetzt haben die Menschen gemerkt, dass mehr in mir steckt, als sie bisher gesehen haben.« Ein wunderschönes Beispiel für die mit nichts vergleichbare Tochter-Vater-Beziehung.

Ich sprach mit Peter Alexander, mit Einschaltquoten bis zu achtzig Prozent erfolgreichster Entertainer der deutschen Fernsehunterhaltung, über das Geheimnis seines Höhenfluges. »Ich hatte immer Angst vor dem Absturz, auch als ich ganz oben war. Es war eine Angst, die mir Lampenfieber, feuchte Hände und einen Adrenalinstoß bescherte, die mich aber zugleich zwang, immer mein Bestes zu geben. Ja, die Angst war in Wahrheit der Motor meiner Erfolge.«

Ich sprach mit Helmut Kohl, einem Mann, den ich mit dem Goethe-Wort »Einen Regenbogen, der eine Viertelstunde steht, sieht man nicht mehr an« zu der Frage führte, ob es in der Politik Dankbarkeit gibt: »Da sage ich Ihnen, was schon meine Mutter zu mir sagte, und zwar als eine fromme Christin: ›Die Hand, die segnet, wird als erste gebissen.‹ Das habe ich lernen müssen. Da glaubt man, etwas Gutes tun zu müssen, und dann kommt hinterrücks ein Stoß. Das ist die menschliche Natur, damit muss man leben.«

Ich sprach mit Gerhard Schröder in Hannover über die Frage, ob ein Paradies auf Erden eines Tages möglich sein wird: »Ich habe mal zu denen gehört, die Zukunft für planbar gehalten haben. Meine persönliche und berufliche Erfahrung hat mich eines Besseren belehrt. Ich halte es für unmöglich, heute zu bestimmen, was in zehn Jahren sein wird. Zu schnell dreht sich inzwischen die Welt. Ich halte auch ein Paradies auf Erden nicht mehr für möglich, ich sage Ihnen auch, warum: Dann müsste es Menschen geben, die frei von Irrtümern sind. Ich glaube aber, es gibt ein Menschenrecht auf Irrtum.«

Ich sprach mit Hubert Burda, Chef eines Verlags-Imperiums in München und Offenburg, über seine Glücksformel: »Ich vertraue den Menschen mehr, als dass ich ihnen misstraue. Und es bringt Glück, immer mal wieder über den Lebenssinn nachzudenken, es ist eine ewig währende Frage. Mein Lebensmotto ist Aufbruch. Die Neugier darf nie erlahmen. Und ist schließlich nicht der Tod der größte Aufbruch?«

Ich sprach mit Hannelore Kohl nach der Wahlniederlage ihres Mannes als Bundeskanzler in Bonn über die Fähigkeit, Schicksalsschläge zu überwinden: »Ich wurde als

Kind nicht verhätschelt. Als ich 1939 zur Schule kam, begann der Krieg. Dann kamen die Luftangriffe, da wurden wir Kinder so richtig durchgeschüttelt. Da bildeten wir Menschen Ketten, um mit Wassereimern Feuerbrünste zu löschen. Ich selbst versuchte, einem Soldaten zu helfen, dessen Stahlhelm glühte. Dieses Bild, dieser Mann mit dem rötlich glühenden Stahlhelm –, ich werde es nicht los. Wissen Sie, das Ungewöhnliche war im Leben unserer Generation das Normale. Das hat uns eine Patina gegeben, die niemand mehr abkratzen kann.«

Ich sprach mit Udo Jürgens, dem Sänger, dem immer noch die Herzen zufliegen, dem Komponisten von über 600 Liedern, über seinen Weg, mit Erfolg klug umzugehen: »Prominent zu sein, erfordert einen höchst sensiblen Umgang mit sich selbst. Und man muss, jenseits der siebzig, sich eingestehen, dass man schon mal morgens mit steifen Knochen aufwacht, dass vieles nachlässt, aber ebenso sage ich Ihnen: Ich verachte den Jugendwahn, den es heute gibt, diese Attitüde angehender Greise, die sagen: Schaut her, was für ein toller Hecht ich bin. Das Entscheidende für mich ist: Das Leben ist in jeder Phase ein immer neuer Lernprozess.«

Ich sprach mit Frank Elstner, dem genialen »Wetten, dass ...«-Erfinder, dem brillanten Showmaster. Aber mich interessierte, was bei ihm »hängen geblieben« ist nach dem Besuch von bekannten Nobelpreisträgern für seine Serie »Die stillen Stars«: »Mich hat die Begegnung mit lauter Weltberühmten, die alle hart gearbeitet haben, damit die Menschheit Stück für Stück ein bisschen weiterkommt, etwas Entscheidendes gelehrt: Demut und Bescheidenheit. Ich sah, dass diese Nobelpreisträger keine großen materiellen Ansprüche an ihre Umgebung stellen. Für mich eine nachdenklich stimmende Beobachtung, der ich mich beruflich in einem Jahrmarkt der Eitelkeiten bewege, wo man denkt, man muss im Hotel immer die größte Suite und den besten Tisch haben.«

Ich sprach mit Giorgio Armani, Modeschöpfer von Weltruhm, in seinem Palast in der Via Borgonaoro nahe dem Mailänder Dom über Reichtum und Erfolg, ob ihm – ganz allgemein betrachtet – die heutige Zeit gefällt: »Nein, ganz und gar nicht. Heute werden Dinge, die überhaupt keinen Wert haben, viel zu wichtig genommen. Auch dem Erfolg wird eine zu große Rolle zugeschrieben. Und das Schlimmste ist, wer keinen Erfolg hat, der ist nichts wert. Das ist schon sehr grausam.«

Ich sprach mit Arthur Cohn, dem genialen Filmproduzenten, ausgezeichnet mit sechs Oscars, der damals zwischen Basel und Hollywood pendelte: »Worauf es im Leben ankommt? Wenn man aufhört zu träumen, hört man auf zu leben. Es ist unwichtig, ob du etwas erreichst oder nicht. Wesentlich ist, du musst immer träumen. Nur wenn man etwas mit Leidenschaft angestrebt hat, hat man ein volles, ein intensives Leben gehabt.«

Ich sprach mit Thomas Gottschalk, Deutschlands Superstar seit »Wetten, dass …«, über seine Erfahrungen mit seinem zweiten Leben in Kalifornien: »Ich habe dafür die Formel ›Aschermittwoch-Phänomen‹ geprägt. Am Faschingsdienstag liegen sich in München wildfremde

Menschen zuhauf in den Armen. Aber wenn du dann am Aschermittwoch in einen Aufzug steigst und freundlich ›Guten Morgen‹ sagst, schrecken fünf Leute zusammen und schauen, in welchem Stockwerk sie sind. Das ist hier, im Gegensatz zu Amerika, etwas problematisch. Etwas unverkrampfter sollten wir hier doch miteinander umgehen, nicht wahr?«

Ich sprach mit dem Erzbischof von Köln, Kardinal Meissner, im Schatten des Kölner Domes über die Aufgabe der Kirche für die Zukunft: »Ich glaube, es gibt keinen gottlosen Menschen, weil Gott keinen loslässt. Der Mensch hat einen Ewigkeitshunger in sich, der sich immer transzendieren muss. Wir sind alle in diese Polarität gestellt: Gott und Mensch, Erde und Himmel, Zeit und Ewigkeit. Und unsere irdische Wirklichkeit rutscht in den Abgrund, wenn wir den Himmel schon auf Erden erwarten. Und was ist die Hölle? Die Hölle ist, wenn man niemanden hat, der einen liebt.«

Einfach nur mal ganz still sein

Wenn ich in abendlicher Ermattung vor dem Fernseher sitze, durch dreißig Kanäle zappe und fast überall Menschen sehe, die oft völlig langweilig bis sinnlos einfach drauflosquatschen über Gott und die Welt – dann denke ich schon mal: Wir sind in einer richtigen »Quasselgesellschaft« gelandet, die eine Kunst nicht beherrscht: die Kunst, einfach nur mal still zu sein.

Vielleicht bin ich übertrieben kritisch, weil ich in einer Zeit groß wurde, in der Eltern noch ihren Kindern befehlen konnten: »Bei Tisch wird nicht gesprochen«, wie ich es in den 30er-Jahren im Haus meines Großvaters in Lübeck erlebte – »Buddenbrooks-Atmosphäre«, auch nicht empfehlenswert.

Das beliebteste Feld, auf dem Worthülsen hin- und herfliegen, bietet die Politik, und da öffnen sich alle Schleusen. Neben Talk-Gästen mit hoher Kompetenz, die deshalb stets aufs Neue ranmüssen, sehen wir leider auch immer wieder jene Quasselköpfe, wie sie Winston Churchill am Beispiel seines Gegners Lord Beresford so wunderbar beschrieben hat: »Man kann ihn am besten unter jene Redner einreihen, die, bevor sie aufstehen, nicht wissen, was sie sagen werden; wenn sie sprechen, nicht wissen, was sie sagen; und wenn sie sich wieder setzen, nicht wissen, was sie gesagt haben.«

Aber nicht nur in der so lauten öffentlichen Szene, auch privat gibt es rhetorisches Dauerfeuer, vor dem wir nur schwer in Deckung gehen können – das Abschalten des Handys gleicht da nur einer Feuerpause in der Schlacht um Aufmerksamkeit. Natürlich ist es in manchen Situationen hilfreich, dass wir als »wandelnde Telefonzellen« erreichbar sind oder selbst Signale aussenden können, aber als ich kürzlich mit einer 22-jährigen PR-Managerin durch das Metropolitan Museum in New York ging und erleben musste, dass die junge Dame den »Nach-links-unten-Blick« von ihrem iPhone nicht lösen konnte und von Picasso und Liebermann nichts mitbekam, da wusste ich, warum im Theater am Abend zuvor ihre Beine unaufhörlich gezuckt hatten – die junge Dame ist leider auch eine total nervöse Handy-Sklavin geworden. Gibt es überhaupt noch Menschen, denen eines der schönsten Goethe-Gedichte etwas sagt, das so beginnt: »Über allen Gipfeln ist Ruh', in allen Wipfeln spürest du kaum einen Hauch«? Was uns zur spannenden Frage führt, deren Antwort über unser Lebensglück entscheiden kann: Wie gehen wir in der Ehe mit diesem Problem um?

Die eindrucksvollste Szene gab es für mich vor Jahren bei einem TV-Gespräch zwischen Reinhold Beckmann und Loki Schmidt, die auf die Frage, was sie getan habe, wenn ihr Mann heimgekommen sei, von Sorgen erfüllt; beispielsweise nach einem so aufwühlenden Ereignis wie der Entführung und Ermordung von Hanns Martin Schleyer durch die RAF. Wie sie da habe helfen können? »Mit dieser Geste, allein mit dieser Geste«, antwortete die Frau des Kanzlers und ergriff die Hand des Moderators; und dann sagte sie, dass dieses Hineinschmiegen der einen Hand in die andere Hand völlig ausgereicht habe – bedarf Liebe immer der Worte?

Diese mich anrührende Geste habe ich nicht vergessen, weil sie aus einer Welt kommt, die nicht mehr von dieser Welt ist. Die Welt des neuen Jahrtausends ist laut, lärmend, schamlos bis an die Schmerzgrenze. Leider sogar dann, wenn es um das Kostbarste geht, was wir Menschen neben der Gesundheit haben – die Liebe. Meistens wird mit dem Fanfarenstoß »Jetzt rede ich« nur von selbstverliebter Liebe geredet, es ist nicht jene, von der vor 100 Jahren noch ein Dichter schwärmen konnte, »dass sie mit ihrer Zaubermacht veredelt, was ihr Hauch berührt«.

Es gibt viele Halb- und Viertelprominente, die später bedauern, einen Menschen durch vieles Reden öffentlich verletzt zu haben, mit dem sie einst in Liebe verbunden waren. Weil sie unfähig waren, ganz einfach mal ganz still zu sein.

DER LOGISCHE VATERWUNSCH: EIN SOHN

Meine Frau sagte am frühen Morgen, sie möchte jetzt in die Klinik, sie wollte kein Risiko eingehen. Sie gab mir den kleinen Koffer, der seit Tagen gepackt im Flur stand. Auf der Treppe hakte ich meine Frau unter, was ich seit Ewigkeiten nicht getan hatte. Ich hatte plötzlich eine unheimliche Angst um ihr Leben: Es ist ja alles ganz natürlich mit dem Kinderkriegen. Und beim ersten Kind, dem Mädchen, war ja auch alles gut gegangen. Aber wo gibt es dafür einen Garantieschein?

Jahrzehnte sind seither vergangen, aber anlässlich einer Diskussion unter Freunden jetzt am »Vatertag« erinnerte ich mich an diesen Tag wie heute: das stundenlange Warten, bis endlich der Anruf kam: »Herzlichen Glückwunsch, Sie sind soeben Vater eines gesunden Sohnes geworden.« Die Freude über einen Jungen, der den Namen meiner Familie in die Zukunft tragen wird, war riesig.

»Der Wunsch nach einem Stammhalter ist deshalb so groß, weil sich ein Mann fast immer wünscht, dass sein Geschlecht erhalten bleibt«, verriet mir damals der berühmte Münchner Psychiater Professor Max Mikorey in einem Interview. Und er nannte weitere Gründe, warum sich alle Männer einen Sohn wünschen.

Für den Mann ist ein Sohn eine »überschaubare Größe«.

Er weiß zum Beispiel, was Pubertät für einen Jungen bedeutet. Ein Mädchen aber ist für den Mann ein geheimnisvolles Wesen; oft ist ihm sogar ein bisschen unheimlich zumute, wenn er an die Reaktionen seiner heranwachsenden Tochter zurückdenkt.

Für den Mann ist der Sohn Spielkamerad, mit dem er toben und zum Fußballplatz gehen, mit dem er selbst wieder jung sein kann. Er bleibt, zusammen mit seinem Sohn, in seiner »männlichen Welt«.

Für den Mann ist ein Sohn ohne Überraschungen: Er wird ihm nicht eines Tages einen männlichen Konkurrenten bescheren wie die Tochter, die plötzlich sagt: »Papi, darf ich dir deinen Schwiegersohn vorstellen?« Denn das bedeutete für den Vater der Braut, er muss sich auf jeden Fall mit dem Jüngeren arrangieren, was nicht immer einfach ist.

Für den Mann ist der Sohn sehr oft Vollstrecker unerfüllter Träume. Männer möchten, dass ihre Söhne weiterführen, was ihnen das Leben vielleicht schuldig geblieben ist.

Hier ist wohl überhaupt der Schlüssel zu finden für den Wunsch des Mannes, einen Sohn zu bekommen: Er möchte seine eigenen Grenzen übersteigen, wie ein berühmtes Beispiel aus der Historie zeigt:

Als Napoleon nach 26 Minuten, die die Zangengeburt dauerte, von seinem Kammerdiener Constant die qualvoll erwartete Nachricht hörte: »Die Kaiserin hat entbunden, Sire!«, stürzte er ins Geburtszimmer, umarmte erst seine Frau, wartete dann sieben endlose Minuten, ehe das Kind den ersten Schrei tat, nahm dann den

Thronerben auf seine Arme und küsste ihn auf die Stirn. Dabei, so berichtete Constant später, »leuchtete Napoleons Gesicht vor Freude«. Und als Napoleon in Paris mit unbeschreiblichem Jubel empfangen wurde, sah man ihn zum ersten Mal seit vielen, vielen Jahren weinen. Er ging an das Bett seines Sohnes zurück und drückte ihn an sein Herz. Zu Duroc, seinem Vertrauten und Freund, sagte er: »Ich beneide meinen Sohn. Der Ruhm erwartet ihn, während ich ihm erst nachlaufen musste ... Um die Welt zu ergreifen, braucht er nur seine Arme auszustrecken.«

Die Welt zu ergreifen – ja, das ist die Sache der Söhne. Und die schönste Pointe dieser Geschichte liefert die Natur gleich mit: Sehr oft ist nämlich der Wunsch nach einem Sohn ... der Vater vieler Töchter – besser geht's wirklich nicht.

GENERATIONEN-VERTRAG IST EIN LUFTSCHLOSS

Darf ich Sie einmal kurz stören? Ich bin Rentner, nichts als ein Rentner, einer aus einem gewaltigen Millionenheer. Solche wie mich gibt's zuhauf. Wohin du heute in Deutschland auch kommst, ein Rentner ist immer schon da.

Dabei weiß ich trotz des Renten-Rummels in den Medien, dass ich nur eine Nummer bin, eine Nummer im Nullsummenspiel des Lebens. Ich habe das meiste schon hinter mir. Sicher, ich atme noch. Ich lebe noch. Und so ein paar Jährchen würde ich gerne noch machen. Man wird ja bescheiden.

Obwohl selbst ein Rentner, kann ich das Wort Rentner partout nicht mehr hören. Ich hasse dieses Wort, von Jahr zu Jahr mehr. Wenn die »Tagesschau« die Renten-»Problematik« zum hundertsten Mal als Spitzenmeldung serviert, möchte ich schreien: Hört auf, hört auf! Lasst uns Ruheständler doch endlich in Ruhe.

Und zeigt nicht zur Illustration immer Bilder, bei denen man das Erbarmen kriegt – gebrechliche Alte, die sich auf Krücken durchs Leben plagen. So schlimm ist es ja gar nicht. Man möchte nur nicht immer daran erinnert werden, dass man zum alten Eisen gehört.

Dass das böse Wort »Rentnerschwemme« einmal zum Unwort des Jahres gekürt wurde, das war dringend notwendig, auch wenn »Unwort« selbst ein Unwort ist. Aber bei dieser Beurteilung blitzte immerhin ein Rest von Anstand auf vor uns Rentnern, die wir doch nichts anderes getan haben, als Deutschland aus einer Trümmerwüste aufzubauen – und denen nur ein gnädiges Schicksal vergönnt ist, nebenher, trotz aller Strapazen und Opfer, auch noch ein bisschen älter zu werden.

»Rentnerschwemme«, ein verräterisches Wort! Es klingt nach Überschwemmung und Zerstörung und sollte nur ausdrücken: Die Rentner fressen erst die Deutsche Mark, dann den Euro und dann die Zukunft auf. Der »Rentnerberg«, ein anderes böses Wort, erdrückt den Wohlstand der Kinder und Kindeskinder.

Wissen Sie, wer mir leidtut? Es sind die jungen Menschen, die immer mehr an Beiträgen bezahlen sollen und später immer weniger zurückbekommen.

Da können Politiker, wie einst Norbert Blüm, ihre Renten-Pirouetten drehen und unverdrossen singen: »Die leistungsbezogene Rente ist sicher« – wer weiß denn heute, wie die Welt im Jahr 2030 aussieht?

Die Politik, die in die Rentenkasse schamlos mit »versicherungsfremden« Leistungen hineingriff, hat den Übeltäter längst ausgemacht: die »gestiegene Lebenserwartung«, welche die »Rentenformel« durcheinanderbringt. Hoffentlich fragt man nicht eines Tages, warum die Ärzte das Leben der Menschen über sechzig hinaus überhaupt verlängern – und macht gar die Medizin für die Renten-Misere verantwortlich!

Alles ist möglich, und der oft beschworene »Generationenvertrag«, den es als versiegelte Urkunde gar nicht gibt, nimmt die Fasson eines Luftschlosses an.

Ich sagte schon, dass ich nur ein kleiner, namenloser Rentner bin. Der aber zornig fragt, wo die Politiker sind, die den Schlamassel zu verantworten haben? Sie sind auf und davon, mit satter Pension, keiner schmalen Rente. Renten sind nur für Rentner da.

Meine größte Angst? Dass es eines Tages bei uns heißen könnte: »Was, Sie sind alt? Haben Sie noch immer nicht begriffen: Wer alt ist, hat selbst Schuld!« Dann wäre das Wort von der »Rentnerschwemme« nur ein kleiner Vorgeschmack auf größere Grausamkeiten gewesen. Hoffen wir, dass es niemals so weit kommt.

Dieser SOS-Ruf eines Rentners – erstmals 1996 veröffentlicht – sollte nach Meinung von »Welt am Sonntag«-Leser Klaus Pusemann so lange Jahr für Jahr wiederholt werden, bis die Politiker dieses Trauerspiel beendet haben. Doch auch nach 18 Jahren geht es weiter: 2013 stiegen die Beamtenpensionen 22-mal so stark wie die Renten: 170(!) zu 7,75 Euro. »Ohrfeige für alle Rentner«, titelte »Bild« am Wochenanfang – leider zu Recht.

Ein Gespräch, herrlicher als alles Gold

Abendeinladung in eine Villa in München. Kleines Essen, Nachbarn, Freunde, Bekannte, zwölf Personen. Eine Gastgeberin, die an alles gedacht hat, auch bei der Tischordnung, damit es bei den Gesprächen »funkt«. Nach fünf Stunden Aufbruch. »Es war so interessant mit Ihnen«, sagte die Dame des Hauses. Da muss mich der Teufel geritten haben, denn ich antwortete – zugegeben schnippisch: »Vielen Dank, gnädige Frau, aber ich habe den ganzen Abend keine vier zusammenhängende Sätze sagen können.« – »Oh«, flötete sie nun, »hoffentlich haben Sie wenigstens viel Neues erfahren, ihr Journalisten seid ja immer scharf auf Neues.«
Auf dem Nachhauseweg wurde mir klar: Der Fehler lag bei mir. Ich hatte mir vom Abend zumindest ein gutes Gespräch erhofft, aber es gab nur Dauerredner mit Oberflächengeplapper. »Warum lag in Kitzbühel diesmal so wenig Schnee?« – »Nur St. Moritz, mein Lieber, ist noch sicher.« – »Unglaublich, dieser Lanz mit seiner Talkshow, lässt Gäste nicht ausreden.« – »Was regen Sie sich auf, die Talkmaster sind heute längst keine Meister des Gespräches mehr, sie sind nicht mal Dompteure in den Quasselrunden.« So ging das über Stunden: blablabla …
Es kann, Gott sei Dank, auch anders gehen. Ich denke zurück an ein Gartenfest, über hundert Gäste, Lampions

an den Bäumen, überall Sitzecken, überall Lachen und Tanz auf der Terrasse. Ich stand vor einer jungen Frau, der Gastgeberin, die in den roten Abendhimmel schaute: »Wie wünschte ich mir, dass mein Vater das noch hätte miterleben können, wie ich hier einen solchen Abend feiern kann.« Und wir sprachen, umgeben vom Trubel, über die Sehnsucht, die sich öffnet nach dem Tod eines geliebten Menschen: »Ach, könnte man die Zeit noch einmal zurückdrehen und nachholen, wofür man all die Jahre glaubte, keine Zeit zu haben!« Wir philosophierten vielleicht zwanzig Minuten über die magische Beziehung Tochter/Vater ... und keiner der vielen Menschen um uns herum störte uns.

Alle spürten: Hier fand keine Unterhaltung statt, hier gab es gerade ein Gespräch, ein richtig gutes Gespräch. Eines von der Art, die Goethe in seinem »Märchen« beschrieben hat, in dem er fragte: »Was ist herrlicher als Gold?« – und antwortete: »Das Licht« – »Und was ist erquicklicher als Licht?«, fragte Goethe weiter und gab auch gleich die Antwort: »Das Gespräch.«

Ja, wer den Zauber eines guten Gesprächs erlebt hat, der kann süchtig danach werden. Voraussetzung: Man ist selbst bereit, die Maske abzulegen, mit der wir im Dschungel unseres Alltags unterwegs sind. Denn der Brückenschlag von Mensch zu Mensch gelingt nur mit Offenheit und Ehrlichkeit. Ein Blick in die Seele des anderen muss möglich sein. Empathie ist ein Modewort geworden, ist aber trotzdem Voraussetzung, um jenes beglückende Gefühl zu erleben, das wiederum nur ein ernsthaftes Gespräch schenken kann. Ja, das Gespräch ist immer noch das Königliche in unserem »Kommunikationszeitalter«, das uns mit Smartphone, Skype und E-Mails vortäuscht, am Leben teilzunehmen, dabei ist es doch nur ein Leben aus zweiter Hand.

Umso mehr gilt für heute: Wenn sich die Chance zu einem guten Gespräch ergibt, sollte man sofort alles stehen und liegen lassen, das Handy abstellen, um sich alle Zeit der Welt zu nehmen. Man muss genau hinhören, den anderen ausreden lassen und Pausen zulassen. Ich wünsche Ihnen heute am Sonntag wenigstens ein gutes Gespräch, die Zeit dafür ist ja da. Wir bringen unsere Jahre zu wie ein Geschwätz, wir kennen dieses traurige Wort aus den alten Schriften der Kirche. Wenn wir sagen könnten, unser Leben geht dahin wie ein Gespräch, wäre nichts da, was wir zu bedauern hätten.

Warum hat das Telefon stets Vorrang?

Das folgende höchst ärgerliche Erlebnis möchte ich nicht erzählen, ohne vorher feierlich zu erklären, dass meine Hochachtung für die Ärzte und mein Vertrauen in ihre Kunst ungebrochen ist, wenn ich auch dem Wort des griechischen Tragödiendichters Euripides nicht folgen möchte, der vierhundert Jahre vor Christus den Satz schrieb: »Hohen Sinn bekundet es, Taktlosigkeit gelassen zu ertragen.«

Denn Euripides schrieb diesen Aphorismus, als es ein Marterinstrument noch gar nicht gab, das heute zumindest meine Nerven immer wieder blank legt. Es ist a) das Telefon und b) die Steigerung: das Handy.

Wie so oft im Leben kommt man erst in der totalen Ruhe dahinter, was einem so alles an Taktlosigkeit zugemutet wird. In meinem Fall geschah es beim Arztbesuch, als mich die Helferin mit dem Hinweis in einen halb dunklen Nebenraum führte: »Der Doktor kommt sofort.« Der Arzt kam aber noch lange nicht. Er telefonierte im Nebenzimmer.

Ich fröstelte inzwischen vor mich hin, Oberkörper frei, auf einer Liege in aller äußeren Ruhe, aber inneren Unruhe, bis der Meister schließlich mit einem saloppen »Dann wollen wir mal« auftauchte. Gleichzeitig begann er auch schon, mich mit einer Art Bohnerwachs einzuschmieren, irgendetwas Kühles für das, was nun kommen sollte: eine Sonografie des Herzens. Meines Herzens!

Da ertönt von nebenan ein Schrillen – das Telefon. Er wird es klingeln lassen, denke ich. Die Helferin wird sagen, der Doktor sei im Moment nicht zu sprechen. Er wird mich nicht mit dem kühlen Gelee auf der Haut hier liegen lassen. Nein, er wird es nicht wagen!

Von wegen! Der Doktor schnellt hoch, rennt doch tatsächlich nach nebenan – zum Telefon, während ich vor mich hin fröstele. »Ich bin doch auch noch da«, möchte ich am liebsten rufen. Aber wer traut sich das schon, wenn er hingestreckt auf das Urteil des Halbgottes in Weiß wartet?

Minuten später kommt er zurück, stellt den Apparat an, zeigt mir im fahlen Licht ein zuckendes Etwas – mein Herz. Es zappelt gewaltig, ich hätte mich doch nicht so ärgern sollen. In diesem Augenblick erscheint die Helferin, reicht dem Doktor ein Gerät. Ich denke, zum Abhören meiner Herztöne. Doch es ist etwas anderes – ein Handy.

Während der Arzt eine Art Sonde auf meinem Brustkasten entlanggleiten lässt, plaudert er – aber nicht mit mir, sondern mit einem anderen Menschen, der sich am Telefon dazwischengeschoben hat. »Ein Patient von auswärts«, sagt er am Schluss, es soll wohl eine Entschuldigung sein. Hätte ich ein Hemd an, mir wäre längst der Kragen geplatzt.

Die Frage, die ich mir auf dem Heimweg stellte, lautet ganz schlicht: Warum müssen wir immer wieder erdulden, dass jemand, der telefoniert, bevorzugt und schneller abgefertigt wird als ein anderer, der persönlich erschienen ist?

Kürzlich sagte mir ein Ausländer, der Verkäufer in einem Autosalon in München hätte ihn glatt stehen lassen, »mitten aus dem Gespräch heraus«, als das Telefon klingelte. »Nachdem ich fünf Minuten wie ein begossener Pudel gewartet hatte, verließ ich den Laden voller Zorn. Ich wusste gar nicht, wie schwer es in Deutschland geworden ist, 30 000 Euro auszugeben.«

Die erste Regel für den taktvollen Umgang mit dem Telefon muss also heißen: Lass niemanden, der vor dir steht, warten, wenn jemand aus der Ferne anruft. Sage entweder: »Rufen Sie bitte wieder an.« Oder: »Ich rufe in Kürze zurück.«

Damit es nie mehr heißt: Wer selbst erscheint, den bestraft das Telefon.

MEINE NEUEN SPIELREGELN

Welch ein wunderbares Leben! Wie fühle ich mich plötzlich frei! Die ersten Tage des neuen Jahres, sie sind ein gefährliches Glatteis – das ich früher nur voller Bangen betrat, weil ich mich in der Silvesternacht mit Versprechungen an mich selbst belastet hatte, obwohl ich doch aus Erfahrung wusste, dass ich sie trotz allen guten Willens nicht einhalten würde.

In dem Bewusstsein, dass man spätestens jenseits des 80. Geburtstages alles etwas lässiger angehen sollte, habe ich die Spielregeln für mein Leben geändert. Mehr noch: Ich habe mir ein neues Grundgesetz gegeben. Was die Politiker in Berlin mit ihrer satten Mehrheit machen können, das kann ich als einfacher Bürger schon lange. Und Artikel eins lautet kurz und bündig: Keine »guten Vorsätze« mehr! In einer Zeit, in der das »neue Denken« die neue Rede ist, habe ich mir gesagt, dass ich mich wohl endlich auch daranmachen muss, ein paar alte Zöpfe abzuschneiden, und da waren mir vor allem die guten Vorsätze ohnehin schon immer suspekt.

Ich erinnere mich sehr genau an die schmerzhafte, ja demütigende Stunde, in der ich in den ersten Januartagen – schon dann! – mit mir haderte, als ich in einer Stresssituation nicht zur Zigarette greifen durfte, weil ich es mir ganz fest vorgenommen hatte.

Es gelang mir auch, dieses königliche Gefühl wenigstens bis zum Fest der Heiligen Drei Könige zu erhalten, und allen Anfechtungen zu widerstehen. Aber kaum saß ich in der ersten Konferenz, kaum bot mir jemand eine Zigarette an, da fiel ich um wie ein Kegel. Auch mit dem Sport, wozu ich übrigens schon einmal den abendlichen Spaziergang um den Häuserblock rechnete, kam ich so recht nicht weiter: Mal gab es eine Fernsehsendung, die mich in den Sessel zwang, mal regnete es, mal war ich zu müde, gleichviel: Der Geist war kaum noch willig, und das Fleisch war ohnehin schon schwach.

Dass die Lektüre der vielen Lebenshilfe-Bücher mir etwas gebracht hätte, mich gar zur Vollkommenheit führte, kann ich leider auch nicht bestätigen, zumal mir das Wort des weisen Goethe zur rechten Zeit dazwischenkam, das lautet: »Vollkommenheit ist die Norm des Himmels« – ich selbst aber bin ein Erdenkind, also fehlerhaft, schwach, wankelmütig.

Nun bin ich nicht so vermessen, meine neue Devise »Keine guten Vorsätze!« im Sinne des großen Philosophen Immanuel Kant zum Prinzip einer allgemeinen Gesetzgebung zu erheben. Ich bin vielmehr voller Hochachtung, wenn ich auf Freunde treffe, die eisern ihre Spur ziehen, hinein in ein diszipliniertes Leben voller Askese, Fitness und Selbstkontrolle – bis hin zur Selbstaufgabe. Aber für mich selbst bin ich aus dem Wechselbad – hier der gute Vorsatz am Festtag, dort das jämmerliche Versagen im Alltag – endgültig »ausgestiegen«. Versprechungen, die man nicht gibt, kann man bekanntlich auch nicht brechen. Und siehe da: Die

45

Seele fühlt sich leicht an, das Gewissen unbeschwert, die Selbstkasteiung ist zu Ende, der moralische Dauerauftrag gekündigt.

Dafür werde ich jetzt an einzelnen Tagen einzelne Schecks ausschreiben, denn irgendetwas Gutes ist an den guten Vorsätzen ja dran: eine Woche ohne Alkohol, einen überfälligen Besuch im Altenheim, einen Rosenstrauß außer der Reihe für meine beste Freundin, einen langen Spaziergang auch nach der »Tagesschau«. So hoffe ich, wenigstens in kleinen Schritten auch dem großen Ziel näher zu kommen, das uns ja alle verbindet: immer noch besser zu werden!

Nimm dich nicht so wichtig!

Mein lieber Theodor Storm, dies ist ein Brief an Dich in den Himmel. Er soll Dir sagen, dass Du auf Erden unvergessen bist. Wir haben es bei Deinem 125. Todestag in diesem ausklingenden Jahr wieder erlebt: Die Feuilletons aller deutschen Zeitungen beschäftigten sich mit dem Dichter der Vergänglichkeitsgefühle. (»Über die Heide hallet mein Schritt, dumpf aus der Erde wandert es mit«). Als mich mein Enkel Philipp aus London in Amerika besuchte, prahlte er: »Ich habe jedes Buch der Welt in diesem kleinen Computer!« »Du übertreibst«, sagte ich, »dann machen wir mal die Probe, schaffe mir den ›Schimmelreiter‹ her!« Was nun geschah, erschien mir wie ein Zaubertrick: In acht Sekunden konnte ich unter Floridas Sonne den ersten Satz Deiner berühmten Novelle lesen: »Was ich zu berichten beabsichtige, ist mir vor reichlich einem halben Jahrhundert im Hause meiner Urgroßmutter, der alten Frau Senator Feddersen, kundgeworden ...«

Du siehst, mein lieber Theodor, Du bist immer noch total up to date. Und natürlich weiß jeder, dass mit der »grauen Stadt am Meer« nur Husum gemeint sein kann, Deine Geburts- und Heimatstadt. Und auch ich selbst habe kürzlich Deine Allgegenwart erfahren am Eingang des Burgtorfriedhofes in Lübeck; dort hat die Verwaltung einen Stein hingestellt, die eingemeißelte Inschrift stammt von Dir. Der Satz, der mich sofort alarmierte, lautet: »Auch von den Toten bleibt auf Erden noch ein Schein zurück, und die Nachgelassenen sollten nicht vergessen, dass sie in seinem Lichte stehen.«

Ich hielt lange, sehr lange vor diesem Stein inne. Was für eine Botschaft! Lieber Wanderer zwischen den Gräbern, nimm dich nicht so wichtig, du bist ein Glied in einer Kette, nicht mehr, nicht weniger. Es gab so viele Menschen vor dir, ohne die du nicht geworden wärest, was du heute bist. Natürlich bist du, wie jeder von uns, ein »Haupttreffer in der Lotterie des Lebens«. Jacques Monod, französischer Nobelpreisträger, erklärte so das Glück, überhaupt geboren zu sein – aber wem verdankst du dein Leben? Und wenn du eine Superkarriere hingelegt hast, sei nicht überheblich, waren nicht andere vor dir, die den Thron bereitet haben? Und wenn du gar eine große Liebe erlebst, wirst du nicht spätestens dann demütig und dankbar? Ich jedenfalls weiß spätestens in diesem Augenblick, dass ich im Schein des Lichts meiner Rosi stehe, solange ich lebe.

Es gibt noch ein zweites Wort aus Deiner Feder, lieber Theodor, dessen wunderbare Wirkung ich gerade in diesen Tagen erleben durfte. Diesmal war es mein bester Freund, der von Deinem Gedicht »Für meine Söhne« gehört – und es sich, neugierig geworden, daraufhin sofort im Internet »runtergeladen« hat. Und sicher traf ihn die letzte von sechs Strophen mit jener vollen Wucht, die auch ich spürte, als ich Deine Verse jetzt wieder las: »Wenn der Pöbel aller Sorte, tanzet um die gol-

48

denen Kälber, halte fest; du hast vom Leben doch am Ende nur dich selber.«

Das klingt wie ein Fanfarenstoß! Und aktueller kann ein Gedicht, das einen Zeitsprung von einhundertfünfzig Jahren überlebt hat, wahrlich nicht klingen, sowohl in der Analyse unserer total entfesselten Zeit als auch mit dem Rat, gut auf sich selbst aufzupassen.

Vielleicht lag es an dem grauen Herbsttag, vielleicht war es nur Zufall – geheimnisvoll ist es auf jeden Fall: Von all den Briefen, die morgens gekommen waren, hielt ich einen besonders lange und unschlüssig in den Händen, öffnete ihn mit Verzögerung.

Mir schien es, als ob von diesem völlig neutralen, mit Maschine adressierten Briefumschlag trotzdem eine Botschaft ausging, die nicht gut sein konnte. Die dann auch nicht gut war. Im Brief steckte die Nachricht vom Tode eines alten Freundes aus Salzburg.

Wir hatten uns einige Wochen nicht gesehen, aber das war nicht ungewöhnlich, konnte nicht der Grund für meine Vorahnung sein. Nun aber, während mich die Traurigkeit überfiel, drängte sich ein zweiter Gedanke in den Vordergrund – und der betraf nicht ihn, den ich verloren hatte, sondern mich.

Denn jetzt waren plötzlich die Bilder alle wieder da, die die Erinnerung so wundersam in uns bereithält – die Erinnerung an den letzten gemeinsamen Abend bei seinem Besuch in Hamburg.

Er war, trotz mildem Licht im Restaurant konnte ich es erkennen, einen Ruck älter geworden, »es gab da eine böse Operation, aber alles ist wieder gut«. Dann lachte er wie eh und je, hatte tausend Pläne. Reisen vor allem, eine Kreuzfahrt war geplant, »mit meiner Frau, denn was sind wir ohne unsere Frauen«. Als wir uns trennten, rief ich ihm noch ins Taxi nach: »Wir telefonieren bald, lass uns nicht wieder eine so lange Pause einlegen.«

Dann gab es diese Pause doch! Ein paar Mal wollte ich ihn anrufen, ich hatte auch vor, ihn zu besuchen, aber Salzburg lag nicht auf dem Weg. Und nun? Nun lese ich die gedruckte Nachricht seiner Frau, die auch im Namen der Kinder von dem Verlust kündet.

»Wir telefonieren bald …« Es waren meine letzten Worte an ihn, seine letzten Worte habe ich nicht mehr in Erinnerung, es ging ja alles so schnell. Wie immer bei guten Freunden, man wird ja bald wieder zusammenkommen, keine falsche Sentimentalität also.

Kurz schämte ich mich sogar. Warum hatte ich bei jener Nachricht mehr an mich als an ihn gedacht? Warum verblüffte mich die dunkle Ahnung beim Öffnen des Briefes? Warum beschäftigten mich meine letzten Worte so sehr und die Frage, ob sie nun, im Angesicht des Todes, Bestand haben? Warum quälte es mich, dass ich ihn nicht, wie doch versprochen, angerufen hatte?

Ja, das Nachdenken über das Rätselhafte in uns Menschen kann sogar für Augenblicke das Mitleiden zur Seite schieben. Denn im Spiegel des Verlustes prüfen wir ganz schnell unser eigenes Gewissen. Und – eine zweite Traurigkeit stellt sich ein.

Armselig wäre ein Leben ohne Poesie

Nun, da er von uns gegangen ist, habe ich sein Buch
»Mein Leben« noch einmal in die Hand genommen; ein
schweres Buch, nicht nur vom Gewicht her, auch vom
inneren Gewicht. Ein Buch voll von Schicksal, Drama-
tik, Verfolgung, Verzweiflung, aber auch reich gesegnet
mit Triumphen – ein »Jahrhundertleben«, wie in der
Trauerfeier für Marcel Reich-Ranicki gesagt wurde.
Gleichsam im Nachklang möchte ich hier in den Sonntag hineinschreiben, dass ich ganz am Schluss des
Buches etwas Wunderbares entdeckt habe: eine Lektion
über eine Liebe, die nicht von dieser Welt zu sein
scheint, in der alles auf sofortige Glückserfüllung ausge-
richtet ist. Und das hat erstaunlicherweise etwas mit –
Poesie zu tun.

Ich blättere in diesem Buch, lese auf Seite 173, wie ein
junger Mann bei der Flucht aus Warschau im September
1939 ein junges Mädchen kennenlernt, Hand in Hand
gehen beide durch Wiesen und Sümpfe, das junge Mädchen ist noch im Banne eines Gedichtes, über das
soeben in der Schule gesprochen worden war; eine Zeile
hat es ihm besonders angetan, weil in ihr die ganze
Schwermut der Vergänglichkeit zu spüren ist: »Heute,
nur heute, bin ich schön; morgen, ach morgen, muss
alles vergehn.«

Und der Junge neben ihr wusste alles über Theodor Storm und seine Novelle »Immensee« – und er zitierte ebenfalls eine Zeile des Dichters: »Kein Klang der aufgeregten Zeit, drang noch in diese Einsamkeit« – wie viel Sehnsucht klang in dieser Zeile mit für die beiden Frischverliebten, die nun in den Himmel schauten, wo die deutschen Stukas wie schwarze Vögel niederschossen, um Tod und Vernichtung zu bringen …

Jetzt blättere ich im Buch ganz nach hinten – und werde verzaubert. Marcel erzählt, wie er am 12. März 1999 in seiner Frankfurter Wohnung über die Frage nachdenkt: Wie soll mein Buch ausklingen – was soll die letzte Botschaft sein? Er setzt sich leise neben seine Tosia, er will sie bei ihrer Lektüre polnischer Gedichte nicht stören. Er fragt sich insgeheim: »Sucht Tosia in der Lyrik noch einmal die Erinnerung an jenen Tag, als wir uns in den Pripjetsümpfen zum ersten Mal küssten?« Sechs Jahrzehnte haben sie nun schon miteinander geteilt, »immer wieder war die Literatur unser Asyl, die Musik unsere Zuflucht, so war es einst im Warschauer Getto, so ist es bis heute geblieben«.

Und als sie schließlich fragend aufblickt, gesteht Marcel: »Mir ist draußen auf dem Balkon eingefallen, womit ich mein Buch beschließen werde, mit den schlichten Versen von Hugo von Hofmannsthal: ›Ist ein Traum, kann nicht wirklich sein, dass wir zwei beieinander sein‹.«

Kann ein Buch über ein gewaltiges Leben und eine unzerstörbare Liebe zärtlicher enden als mit diesem Gedanken, in dem die gelebte Liebe gleichsam in den Himmel gehoben wird? Und schon denke ich an das berühmte Wort des spanischen Dramatikers Calderón: »Nicht Ewiges kann das Glück uns geben, denn flüchtiger Traum ist Menschenleben, und selbst die Träume sind ein Traum!« Und ich denke auch an Ralph Giordanos »Erinnerungen eines Davongekommenen«, denn dort lautet der Schluss: »Mein Leben ist mir immer wie ein Traum vorgekommen – und so werde ich erst durch den Tod aus ihm erwachen.«

Für manche mag das alles ein Zuviel der Gefühle sein. Aber wenn ich so sehe, wie wir das Wort Liebe inflationieren für Beziehungen, die mit Liebe im klassischen Sinn nichts zu tun haben – dann frage ich mich schon: Verlieren wir nicht alle etwas sehr Kostbares, wenn auch der letzte Hauch von Poesie aus unseren Beziehungen verschwindet?! Ist unser Leben dann nicht wirklich armselig im wahrsten Sinne des Wortes?

DIE HEIMLICHE BESTIMMUNG DES REISENS

Ferienzeit, Reisezeit. Millionen sind unterwegs – von welchen geheimen Sehnsüchten sind sie getrieben? Ich suche Antworten bei klugen Geistern, blättere im Zitatenschatz, finde Köstliches, so das freche Wort von Kurt Tucholsky: »Als deutscher Tourist im Ausland steht man vor der Frage, ob man sich anständig benehmen muss oder ob schon deutsche Touristen da gewesen sind.«

Und ich lese Nachdenkliches von Werner Bergengruen: »Wir reisen nicht nur an andere Orte, sondern vor allem reisen wir in andere Verfassungen der eigenen Seele.« Ein Gefühl, das jeder kennt, wenn er nach langer quälender Autofahrt vom Balkon seines Hotelzimmers aufs Meer schaut und einmal ganz tief durchatmet …

Und es gibt herrliche Pointen: »Das Beste, was man von Reisen mitbringt, ist die heile Haut« (aus Persien). – »Der Frosch im Brunnen weiß nichts vom großen Ozean« (aus Japan). – »Solange es eine Straße gibt, besteige nie ein Schiff« (aus China). – »Wer von weit her kommt, kann auch Lügen erzählen« (aus Frankreich).

Und dann entdecke ich ein Wort des großen Religionsphilosophen Martin Buber (1878–1965), das in meine Gedankenwelt hineinfuhr wie ein Blitz: »Alle Reisen haben eine heimliche Bestimmung, die der Reisende nicht ahnt.« Da stand nun dieser Buber-Satz vor mir und zwang mich, zurückzublicken auf meine eigenen Reisen, ein Zeitsprung mit überraschendem Ergebnis.

Martin Buber hat recht! Ich denke an meine erste Reise Anfang der 50er-Jahre Richtung Italien. Eine Woche Rom, ein Gefühl, wie es Goethe so wunderbar beschrieben hat: »Ja, ich bin endlich in dieser Hauptstadt der Welt angelangt.« Anschließend fuhren wir noch für eine Woche ans Meer, nach Anzio; von dort ist es nur ein Katzensprung nach Neapel und Capri. Aber meine Frau bremste mich aus: »Lass uns hierbleiben, wir haben jetzt doch in Rom schon so viel Schönes gesehen.« Ich dachte damals: Das geht mit unserer jungen Ehe ja lustig los, denn der Tagesausflug fand natürlich nicht statt. Heute glaube ich, dass die geheime Bestimmung dieser Reise für mich die Erkenntnis war: Man muss nicht alles haben, was man bekommen könnte; sei dankbar, dass deine Frau es so meisterhaft versteht, nicht zu viel und nicht zu wenig hineinzupacken in Raum und Zeit.

Ein zweites Beispiel: meine erste Israel-Reise 1973. Von Tel Aviv aus ging es durch eine biblische Landschaft hinauf ins heilige Jerusalem. Dass ich hier einen Boden betrat, auf dem schon Jesus gegangen ist – das war unglaublich, das war herzbewegend!

Und unvergessen mein Besuch bei Teddy Kollek, dem hochgefährdeten Bürgermeister, der alle Sicherheitsmaßnahmen aber ablehnte: »Mein Leben liegt in Gottes Hand.« Nie zuvor und niemals später habe ich diesen Satz so überzeugend gehört wie von »Teddy«; und so glaube ich, dass die geheime Bestimmung dieser Reise für mich war, von nun an mit mehr Gottvertrauen zu leben.

Das jüngste Beispiel: Vor einigen Monaten zeigte ich fünf Tage lang meiner 27-jährigen Enkelin alle Sehenswürdigkeiten von Berlin und Potsdam. Sie kam aus New York, wo sie seit fünf Jahren als erfolgreiche PR-Managerin lebt: »Großvater, Berlin ist eine so tolle Stadt, fast wie New York, hier könnte ich auch leben!«, rief sie immer wieder. Das war Musik in meinen Ohren, denn ihre Eltern wünschten nichts sehnlicher als die Rückkehr ihrer Tochter nach Europa. Und was ist geschehen? Vor drei Tagen kündigte meine Enkelin ihre Heimkehr an. Die geheime Bestimmung unserer Berlin-Reise, hier wurde sie für mich mit aller Macht wieder sichtbar.

Wenn Sie also, liebe Leserin, lieber Leser, den Koffer packen, denken Sie daran: Sie kommen niemals so wieder, wie Sie losgefahren sind, denn jede Reise …

Plötzlich ist es für Fragen zu spät

Nein, damit habe er nicht rechnen können, sagte er mir Monate nach dem Tod seines Vaters. Die Nachricht sei für ihn überraschend gekommen, der alte Herr sei noch recht rüstig gewesen, von ein paar Herzrhythmusstörungen abgesehen. »Die hatte er schon lange«, aber dann hörte das Herz eben doch plötzlich auf zu schlagen.

Die Trauer sei bei ihm in Wellen gekommen, sagte er weiter, und es gäbe auch jetzt noch keine Linderung über den Verlust, er habe noch nichts von dem Trost erfahren, dass »die Zeit alle Wunden heilt«.

Was ihm heute zu schaffen mache, sei die Tatsache, dass er seinem Vater noch so viele Fragen stellen wollte: nach seinen Erfahrungen mit dem Leben; nach seinen Gefühlen, als er, nach dem Tod seiner Frau, in eine kleinere Wohnung an den Stadtrand ziehen musste – ob er sich da einsam fühlte oder nicht, ob er glücklich war, und wie Glück im Alter wirklich aussieht. Alter ist ja eine Erfahrung, die man nur um den Preis des Altwerdens machen kann.

Er erinnerte sich daran, dass die Gespräche mit seinem Vater leider doch zu sehr an der Oberfläche geblieben waren: wie er allein mit dem Haushalt zurechtkommt, was er von der Politik hält, ob er noch »Wetten, dass …«

schaut oder nicht, ob er noch ein paar Steuertipps auf Lager hat, Alltägliches eben.

Manchmal erzählte der Vater aus Schule, Militärzeit, Gefangenschaft bei den Amis nach 1945 – aber in den letzten Jahren schickte er immer häufiger den Satz voraus: »Bitte unterbrich mich, wenn ich dir die Geschichte schon erzählt habe.« Da habe er sich geschämt – und seinen Vater erzählen lassen, obwohl er kannte, was er hörte, nur um ihn nicht zu verletzen. Denn seit seiner Pensionierung war nicht mehr viel Neues dazugekommen, wie denn auch?

»Wir haben uns einfach nur unterhalten, dabei hätten wir miteinander richtig Klartext sprechen sollen«, sagte er. »Man denkt eben immer, dazu sei ja noch Zeit«, fügte er hinzu und wusste doch zugleich, dass dies genau der Irrtum ist, in dem wir alle miteinander gefangen sind. Und dass wir vielleicht im Stress des Alltags auch gar nicht mehr die Kraft zu solchen Gesprächen haben.

Das Geheimnis, Liebe annehmen zu können

Liebe Freundin, Sie haben mich gestern am Telefon gefragt, was wohl in Ihrer Ehe so falsch gelaufen sein mag, dass es nun zur Scheidung kommt. Vielleicht begehe ich einen Vertrauensbruch, wenn ich Ihnen verrate, was Ihr Mann einmal zu mir sagte, aber ich denke, Sie müssen es wissen. Er meinte, dass Sie eine ungewöhnlich »starke« Frau sind. Die ihm – vielleicht ungewollt – das Gefühl vermittelt, dass sie eigentlich auch alleine ganz gut zurechtkommen können.

Ich möchte Ihre Frage mit einer Geschichte von Mutter Teresa beantworten. Nach der Verleihung des Nobelpreises hat sie viele Spenden erhalten, auch von einem Bettler, der zu ihr kam mit den Worten: »Jeder gibt Ihnen etwas. Ich möchte Ihnen auch etwas geben, aber heute habe ich nur zehn Pais (das sind etwa drei Pfennige) bekommen – und die möchte ich Ihnen geben.«

Und was tat Mutter Teresa? Tröstete sie den Ärmsten der Armen? Gab der »Engel von Kalkutta« ihm gar selbst einen Obolus? Nichts von alledem! Mutter Teresa nahm dankbar die Spende entgegen, obwohl sie sehr wohl wusste, wie trostlos der Tag des Mannes zu Ende gehen würde – nämlich mit Hunger und im Elend der Straße. »Aber ich wusste auch, dass es ihn noch mehr verletzt hätte, wenn ich sein Geld nicht angenommen hätte. Die

Freude – und den Ausdruck des Friedens auf seinem Gesicht – kann ich nicht mit Worten beschreiben.« Ja, sie sagte sogar, dass sie die Bettlerspende höher bewertete als den Nobelpreis, »weil der Mann alles gab, was er besaß, und er gab es mit so viel Liebe«.

Diese Geschichte verrät Ihnen etwas von dem Geheimnis, das sich mit der Liebe auch verbindet: Man muss Liebe nicht nur geben, man muss sie auch annehmen können! Sagen wir nicht viel zu oft, wenn uns jemand eine Freude, eine Überraschung bereiten will: »Das ist aber nun wirklich nicht nötig«? Und zerstören wir damit nicht den Zauber, der sich gerade entfalten will?

In der Liebe geht es nämlich gar nicht darum, ob wir selbst etwas »nötig« haben. Es genügt völlig, wenn das Zeichen der Zuneigung für den anderen wichtig ist. Auch wenn die Liebe bekanntlich eine »Himmelsmacht« ist, müssen wir doch auf Erden mit ihr sehr behutsam umgehen, nicht wahr?

Eine schmerzhafte Reise
in die eigene Vergangenheit

Da liegt es vor mir, das neue Adressbuch, in feinstem Leder eingebunden, – das noble Geschenk eines Freundes – und, was ich erst jetzt spüre: eine plötzliche Herausforderung!

Denn nun muss ich entscheiden, ob ich mein zerlesenes Adressbuch ausrangiere, ob ich die vielen Namen übertragen soll – was zugleich den Abschied bedeutet von diesem liebgewordenen Stück; wenn ein Buch eine »treue Seele« haben kann, dieses Buch hat sie. Und ich beginne, in der Reihenfolge des Alphabets die Namen umzuschreiben. Und damit beginnt eine ebenso wunderbare wie schmerzhafte Reise in die Vergangenheit.

Schon beim Buchstaben A geht es los, gleich beim ersten Namen: ein Bekannter, der nach New York umgezogen war, seine Adresse hatte ich mir mit dem Versprechen notiert, »wenn ich mal rüberkomme, rufe ich durch«. Aber als ich kürzlich in New York war, fand ich doch keine Zeit. Wunsch und Wirklichkeit sind oft weit auseinander, auch Bekanntschaften zerstört die alles verschlingende Zeit. – Ich werde seine Nummer nun nicht mehr übertragen.

Plötzlich stoße ich dann auf den ersten Namen eines Menschen, der verstorben ist. Ich halte inne, denke über unser letztes Gespräch nach – er war es, der wieder zurückrufen wollte, keine Schuldgefühle quälen mich also, wenigstens das nicht. Und doch: Je weiter ich beim Übertragen vorankomme, desto öfter gibt es dieses schmerzliche Gefühl des Sich-nie-mehr-melden-Könnens. Ja, so ein altes Adressbuch kann eine verdammt harte Lektüre sein.

Dann entdeckte ich die Nummer eines lang verschollen geglaubten Freundes. Ich rief ihn spontan an. Er war total überrascht. Ob er mir irgendwie helfen könne? Nein, ich wollte nur mal hören, wie es ihm ergangen ist in all den Jahren des Schweigens?

Wir haben uns sofort zum großen Wiedersehen verabredet. Wir waren beide ganz glücklich. Und ich denke plötzlich: Da ist ein Buch mit hundert Nummern, man muss nur wählen. Telefonieren ist ja so einfach – warum fällt es uns eigentlich trotzdem oft so schwer?

Gleich werde ich ihn sehen, ich muss nur noch den grauen Korridor hinter mich bringen. Die Bilder, die ich nur flüchtig wahrgenommen habe, versuche ich zu verdrängen: Kranke überall, Ärzte, Schwestern. Ich war plötzlich in einer anderen Welt.

Nun öffne ich die Tür zu Zimmer 14, ich sehe meinen Kollegen dort liegen – schmal ist er geworden, die weißen Hände liegen kraftlos auf dem Laken. Die Operation nach dem Unfall hatte vier Stunden gedauert, die Intensivstation zwei Tage, da bleiben Spuren. Er hebt den Kopf – und erkennt mich. Ein Lächeln. Mehr nicht. »Schön, dass du da bist.«

Das Reden fällt ihm schwer. Ich rücke einen Stuhl dicht an sein Bett. Soll ich meinen Mantel anbehalten, um ihm zu zeigen, dass ich nur kurz bleibe – oder soll ich den Mantel ausziehen, damit er spürt, dass ich gerne länger bleiben würde? Was ist richtig, wenn man Kranke besucht?

Soll man von den Dingen erzählen, die im Betrieb so laufen, von der Politik, weil er keine Zeitungen gelesen hat? Oder soll man über den Unfall, die Ärzte sprechen – und wie hier die Betreuung ist?

Das Buch, das ich ihm mitgebracht habe, hatte ich längst auf seinen Nachttisch gelegt, mir war klar geworden, dass er gar nicht lesen kann, in diesem trostlosen Zustand. Ich hätte doch vielleicht lieber Blumen mitbringen sollen. Aber Blumen werden ja immer vor die Tür gestellt. Ich erzähle Geschichten aus dem Büro, die hört er immer gern. Ein paar Minuten geht es auch gut, aber dann schiebt sich plötzlich eine unsichtbare Wand zwischen uns, seine Konzentration lässt nach.

Ich erschrecke plötzlich bei der Erinnerung daran, dass wir beide vor einer Woche noch gemeinsam zu fröhlichem Abendessen in einem Restaurant waren – und wie sich innerhalb von Stunden für ihn alles verändert hat.

»Schön, dass du da gewesen bist«, sagte er nun, deutlich leiser als vor zehn Minuten bei der Begrüßung. Dann breche ich auf. Draußen atme ich einmal tief ein. Endlich wieder in der lauten, schrecklich schönen Welt. Habe ich alles richtig gemacht? Niemand kann mir das sagen. Schnell winke ich ein Taxi.

Man ist so hilflos, wenn man die Hilflosen besucht.

Dem Neuen eine Chance geben

Plötzlich geht die Tür auf, der Chef tritt ein, an seiner Seite ein unbekannter Herr, von dem wir nie etwas hörten, dessen Namen wir jetzt erfahren und die Tatsache, dass er in unserer Firma eine wichtige Aufgabe übernehmen wird – er ist »der Neue«.

Wir schauen in sein Gesicht. Freundlich sieht er aus. Aber ist das nicht vielleicht nur eine Maske? Wir wissen, dass sich Sympathie und Antipathie in den ersten sieben Sekunden einer solchen Begegnung entscheiden.

Deshalb ist unser inneres Radargerät ganz auf Empfang geschaltet, weil wir spüren, dass mit dem Neuen wirklich etwas Neues in unser Leben kommt.

Aber erst einmal gibt es Alltägliches. Der Neue braucht ein Zimmer, eine Sekretärin, ein Telefon. Er bekommt sogar ein besseres Zimmer, als wir es haben, die schon so lange da sind. Ein schneller Händedruck – »Wir sehen uns ja noch, viel Glück«, sagen wir. Der Chef hat es eilig, er will seine Runde durch die Abteilungen hinter sich bringen, und der Neue antwortet, auch eilig: »Danke, ich kann es brauchen.«

Wir achten auf die unscheinbaren Signale, die der Neue nun aussendet: Wird er zu uns ins Zimmer kommen, wenn er uns das erste Mal sprechen will – oder wird er uns zu sich bitten? Geht er abends noch auf ein Bier mit uns, oder hat er immer gerade eine andere Verabredung? Besteht er auf den besseren Firmenparkplatz, oder ist er auch mit dem zweitbesten zufrieden? Kleinigkeiten? Kleinigkeiten! Aber sie entscheiden so viel. Ein Neuer kann Fehler machen, ohne es zu merken. Es ist schwer, ein Neuer in einer neuen Firma zu sein, wo die anderen es am liebsten hätten, dass alles beim Alten bliebe.

Aber es wird irgendwann den ersten Ärger geben, Meinungsverschiedenheiten, Kompetenzgerangel, all diese kleinen Schnittwunden, die so schmerzen und die nur langsam heilen.

Was hilft nach aller Erfahrung? Es hilft, sich daran zu erinnern, dass man selbst einmal der Neue im Dschungel einer alten Firma war.

Deshalb sollten wir den Neuen erst einmal als das nehmen, was er wirklich ist: nicht gut, nicht schlecht, eben einfach nur neu. Und geben wir ihm eine Chance!

Verstecken Sie sich nicht
an Ihrem Geburtstag

Lieber Freund, nun werden Sie also sechzig Jahre alt. Sie haben mir am Telefon verraten, Sie hätten Angst vor diesem Tag. »Von nun an geht's bergab.«
Es sollte salopp klingen, aber die Melancholie war unüberhörbar. Ja, das Gefühl für die Brüchigkeit des Lebens wird nun immer stärker! Und doch möchte ich Sie warnen.
Am Telefon sagten Sie mir auch, Sie wüssten nicht, ob Sie diesen Tag »ganz groß« feiern sollten – oder ob Sie lieber »abtauchen«. Ich habe Ihnen ganz spontan zugeredet, sich dem Tag zu stellen.
War das richtig? Ich denke schon. Und wenn Sie diesen Tag festlich begehen, auch mit den Freunden und den Kollegen, dann werden Sie am Abend ganz Erstaunliches feststellen, was es bei keinem Geburtstag zuvor je gegeben hat: Sie haben einen »Bilanz-Geburtstag« gefeiert.
Damit meine ich nicht etwas, was mit Aktien zu tun hat. Damit meine ich, dass Sie die erste Bilanz Ihres Lebens ziehen können. An einem solchen Tag sollte man vor allem etwas tun, wovor man sich sonst oft fürchtet: Man sollte den Menschen, mit denen man bis heute auf dieser Weltenbühne unterwegs ist, in dem gemeinsamen Stück, das Leben heißt, eine Chance geben, Ihnen ihre

Zuneigung, ja Liebe, zeigen zu können, was im Alltag oft schwierig ist. Denn dann öffnen sich auf wundersame Weise Türen, die wir längst verschlossen glaubten.

Nun lädt plötzlich der Chef, der unnahbare, zu einem Essen ein. Es rufen Freunde aus dem Ausland an, von denen man ewig nichts hörte. Da kommen Blumen einer Sekretärin, die uns vor zwanzig Jahren Tag um Tag mehr sah als die eigene Frau. Und ein wunderbares Gefühl stellt sich ein: Dankbarkeit für gelebtes Leben.

Keine Angst also, mein Freund, vor diesem Geburtstag! Und wenn Sie sich im Spiegel betrachten und so taufrisch nicht mehr fühlen – nehmen Sie alles schmunzelnd, sagen Sie sich nur: Hoffentlich werde ich so alt, wie ich aussehe.

Mit anderen Worten: Verstecken Sie sich nicht am 60. Geburtstag. Es gibt noch viele Rosen zu pflücken, auch der Sonnenaufgang gehört noch Ihnen. Feiern Sie, lieber Freund.

Irgendwann begannen die Mitarbeiter zu tuscheln: Ihr Chef sei auch nicht mehr der, der er einmal war, »irgendwie« hätte er sich verändert. So war beispielsweise aufgefallen, dass immer häufiger Konferenzen plötzlich von der Sekretärin abgesagt wurden: »Es tut mir leid, der Chef musste ganz schnell aus dem Haus, es gibt einen neuen Termin« – und so gingen die Herren aus der Führungsetage verärgert davon, hineingeworfen ins Nichts, denn ohne Konferenzen beim Chef lief in ihrem Betrieb so gut wie gar nichts.

Wenn Mitarbeiter den Chef trafen, wirkte er schon seit Wochen geistesabwesend, wenn sie grüßten, wurde der Gruß von ihm kaum oder nur sehr fahrig erwidert.

Auch war nicht verborgen geblieben, dass das Licht in seinem Büro abends nur noch selten brannte –, bisher war er immer als Letzter gegangen.

»Als ich gestern mit einem Problem zu ihm kam, schaute er dauernd auf die Uhr, er hörte mir kaum zu, ich hatte das Gefühl, als sei er in Gedanken in fernen Welten – oder bei einer Freundin«, lästerte ein Mitarbeiter. »Der Fisch stinkt bekanntlich vom Kopf her«, schimpfte ein anderer – und eine Mitarbeiterin flötete schnippisch: »Zum Friseur könnte unser Boss auch mal gehen.«

Und dann? Dann wurden sie eines Tages doch alle beschämt! Denn die Nachricht sprang von Zimmer zu Zimmer: Die Frau des Chefs ist nach längerem Leiden gestorben.

Und plötzlich waren alle ganz still und stellten sich insgeheim nur eine Frage: Was wissen wir in Wahrheit schon vom Nächsten, und sei er uns tagtäglich noch so nah?

Wir wissen wenig, meistens gar nichts! Wir rätseln, wir meckern, wir verdächtigen, wir kombinieren, wir beurteilen – und wir verurteilen.

Dabei sollte uns doch die Lebenserfahrung gelehrt haben: Wenn jemand aus der gewohnten Rolle fällt, kann es dann nicht sein, dass er gerade eine andere Rolle spielen muss? Zum Beispiel die eines Mannes, der mit seinem Schmerz alleine bleiben will, der – wie jetzt bei dem Chef geschehen – sogar Konferenzen platzen ließ, um zu seiner Frau ins Krankenhaus zu eilen.

TRÄUME IN DER ABENDMASCHINE

Nur nicht nervös werden, nicht schon um sieben Uhr morgens, der Tag ist ja noch gar nicht richtig ins Laufen gekommen. Da hat man sich abgehetzt, nun steht man in einer Schlange am Lufthansa-Schalter und wartet und wartet.

Überall graue Gesichter. Manager unterwegs, Heerscharen von Managern müssen heute wieder unterwegs sein, alles ist ausgebucht. Wer auf der Warteliste steht, sieht noch grauer aus als die anderen, die ihr Okay schon in der Tasche haben.

Kein Lächeln rundum, kaum ein Laut, Frühmaschinen haben etwas unerbittlich Nüchternes an sich.

Ganz anders zwölf Stunden später, am Abend. Da sind sie zwar auch wieder alle miteinander versammelt, die Männer, die unsere Wirtschaft am Laufen halten. Sie stehen auch alle wieder Schlange, aber lockerer. Nicht so eng, nicht auf Atemnähe wie am Morgen. Irgendwie wird man schon noch heimkommen. Stimmengewirr. Es wird sogar gelacht. Denn sie haben nun alles hinter sich – die Konferenzen, die Geschäfte, ihr Monopoly ohne Würfel.

Am Morgen waren sie auf Angriff gestimmt, überprüften noch einmal ihre Verhandlungsstrategie, flogen dann hinein ins Ungewisse, nicht jedes Geschäft klappt ja schließlich – doch nun ist alles gelaufen: Man hat – so oder so – ein Ergebnis. Der Tag geht – und die Abendmaschine kommt.

Und mit ihr kommt etwas ganz Wunderbares: eine lässige Stimmung. Der Check-in geht ruckzuck, der Flugkapitän verkündet, dass wir »fünf Minuten vor der Zeit« landen werden – er will ja schließlich auch nur, was wir alle wollen – nach Hause.

In der Kabine: entspannte Passagiere. Mehr Wein, weniger Kaffee. Müdesein ist jetzt erlaubt. Die Akten bleiben geschlossen, der Wirtschaftsteil der Zeitungen wird überblättert.

In einer Illustrierten plötzlich Bilder von den Rocky Mountains, von der Golden-Gate-Brücke. Man schließt die Augen, hängt seinen Gedanken nach, träumt von Freiheit und Weite. Wenn man doch jetzt nicht nach Fuhlsbüttel müsste, sondern nach San Francisco durchfliegen könnte!

Ja, Abendmaschinen haben ein Geheimnis in sich – sie verraten dir, wovon deine Seele träumt …

»Glück – das ist Alltag«

Seltsam, da liest man immer wieder die klugen Worte
von Goethe, Seneca, Schopenhauer und anderen über
das, was dieses wundersame Ding, das sich Glück nennt,
denn nun wirklich ist. Und dann …

Ich hatte meinen Nachbarn eine ewig lange Zeit nicht
gesehen und so fragte ich ihn eher beiläufig, ob in seinem Urlaub alles gut gelaufen sei. Und erschrak.
»Urlaub? Wenn es das bloß gewesen wäre!«, antwortete
er bitter, und nun hörte ich, dass ihm ein doppelter
Bypass gelegt werden musste, Operation, Kur, Nach-
kur – fast drei Monate war er einfach verschwunden.
»Aber jetzt geht es mir endlich wieder besser, ich habe
keine Schmerzen mehr.«

Ja, sagte ich, »Glück ist die Abwesenheit von Schmerz«.
Dieses Philosophenwort schien mir von allen Glücks-
definitionen immer noch die beste zu sein. Mein Nachbar aber war inzwischen zu einer noch besseren Antwort
auf diese Frage gekommen, die die Menschen ja so uner-
müdlich beschäftigt. »Glück?«, wiederholte er nun,
»Glück, das ist für mich ab heute der Alltag.« Dann
schwieg er. Ihm schien es einen schwebenden Augenblick lang wie mir zu gehen: War diese Erklärung nicht
doch ein bisschen zu simpel?

Aber dann fing er an zu reden. »Plötzlich erkennst du,

was für ein Wunder es ist, ohne schwere Träume zu schlafen, mit heilen Knochen aufzuwachen, die Sonne auf der Haut zu fühlen, Auto zu fahren, sogar der Ärger mit dem Chef bekommt ein ganz anderes Gesicht, gehört einfach dazu, ist Leben.«

Und, beflügelt von seinen eigenen Worten, wiederholte er fast predigend: »Glaub mir, ich weiß es jetzt: Glück ist Alltag. Ich meine wirklich den ganz schlichten Alltag, dass ich hier mit dir sprechen kann, dass ich heute Abend mit Freunden ins Kino gehe. Wir denken immer, der erste Ferientag oder ein Lottogewinn sei Glück. Aber in Wahrheit ist schon der ganz normale Alltag Glück. Man muss es nur am eigenen Leibe erfahren haben.«

Sicher, es gibt viele kluge Bücher über das, wonach wir alle jagen. Aber dann kommt einer daher, der es so einfach ausdrückt, dass man ganz nachdenklich wird. Ja, manchmal sagt eben auch der sogenannte »kleine Mann« etwas ganz Großes.

»Der Gesprächs-Hai«

Lieber Freund, nun, da der Abend vorüber ist, den wir gemeinsam mit Freunden bei Ihnen verbringen durften, möchte ich Ihnen doch ein offenes Wort hinterherschicken, weil es um etwas Grundsätzliches geht. Denn kaum hatten wir uns zu Tisch gesetzt, da waren Sie schon zur Stelle, um den Gesprächsfaden, den Sie an sich gerissen hatten, nicht wieder loszulassen, es begann die Qual der Monologe.

Die ersten Minuten Ihrer Schilderung vom letzten Abenteuer-Urlaub waren ja noch ganz lustig, aber dann begann die Tortur: Eine Story folgte der nächsten, und da die schönste Geschichte gleich am Anfang kam, war der Reiz schnell verflogen.

Hatten Sie kein Mitleid mit den Damen? Merkten Sie nicht, wie sie versuchten, auf eigene Faust mit ihren Tischherren ins Gespräch zu kommen? Ging nicht ein leises Aufatmen durch die Runde, als Sie versprachen: »Ich komme jetzt auch gleich zum Schluss.«

Die Frage drängt sich auf: Was kann ein Gastgeber tun? Soll er etwa am Beginn des Abends Chips ausgeben, wie wir sie aus Spielcasinos kennen – gelbe Chips erlauben vier Minuten, grüne Chips sieben Minuten und rote Chips höchstens zehn Minuten ungestörte Redefreiheit? Nach dem Motto: Wer reden will, muss erst »zahlen«?

Wenn ich nicht schon öfter erlebt hätte, dass Gäste gingen, ohne auch nur zehn zusammenhängende Sätze gesagt zu haben, weil einer da war, der mit seiner »Rederitis« alles und alle erstickte, ich würde Ihnen nicht schreiben, schon gar nicht öffentlich.

Was wir uns bei Abendeinladungen wünschen, lieber Freund, ist eigentlich ganz einfach: Wir erhoffen vor allem gute Gespräche. Diese brauchen Gegenverkehr, Zuhören gehört dazu. Ein Dialog muss entstehen. Beißt aber ein »Gesprächs-Hai« zu, bleiben alle anderen wie Fische auf dem Trockenen zurück. Und die größte Unverschämtheit ist es, wenn ein Dauer-Redner sich am Ende eines quälenden Abends auch noch mit den Worten verabschiedet: »Es war schön, mit Ihnen gesprochen zu haben« – und man selbst hat fast gar nichts sagen können.

Denken Sie mal darüber nach –, und geben Sie immer auch den anderen Gästen eine Chance!

EINE FREUDE – EINFACH NUR SO

Es war kein Valentinstag wie gestern, es war ein ganz normaler Tag vor vielen, vielen Jahren, ein Tag wie jeder andere, Blumen standen vor meiner Tür. Ein Nachbar hatte sie entgegengenommen, und nun standen sie da wie hingezaubert. Die Tulpen reckten ihre Köpfe, als wollten sie mir zuflüstern: Schau mal in den Zettel, der in dem kleinen Couvert den Blumen beigeheftet ist ...
Die Frau, die sich diese Überraschung für mich ausgedacht hatte, hatte nur drei Wörter daraufgeschrieben: »Einfach nur so« – und ihren Namen. So einen Blumengruß mit solch einer Botschaft hatte ich noch nie bekommen.
Sie wollte mir also »einfach nur so« eine Freude machen, nicht, weil ich etwas Wichtiges getan hätte; nicht, weil Pfingsten, Ostern, Weihnachten, ein Geburtstag oder ein Karrieresprung zu feiern war. Sie wollte mir wohl nur zeigen, dass sie an mich denkt, dass es eine stille Freundschaft gibt, die wir leider nur selten ausleben können – sie in Hamburg, ich in München.
Denn außer der räumlichen Trennung ist da der Alltag, dieser »Zeitfresser«. Wie oft hatte ich ihre Telefonnummer schon herausgesucht, aber dann kam immer etwas dazwischen. Es kommt so viel dazwischen bei uns allen, die wir wie Jongleure versuchen, möglichst viele Bälle in

der Luft zu halten: Einladungen, Reisen, Familienfeiern, Vereins-Veranstaltungen, irgendetwas drängt sich immer vor. Und plötzlich kommt die »Tagesschau«, das Krankenblatt unserer Zeit.

Und all das, was man einem Menschen an Zuwendung eigentlich mal sagen wollte – in einem ruhigen Telefonat, in einem langen Brief, bleibt ungesagt. Und eine E-Mail kann zwar besser als gar nichts sein – aber entfaltet eine E-Mail den Zauber, den eine beginnende zarte Freundschaft braucht?

Ich stellte die Tulpen in eine Vase, und erinnerte mich dabei an ein Wort, das ich kurz zuvor in einem Buch des Dichters Antoine de Saint-Exupéry über Freundschaft gelesen hatte: »Wie wenig Lärm machen die wirklichen Wunder, wie einfach sind die wesentlichen Ereignisse.«

Und plötzlich war mir klar geworden: Es gibt nichts Gutes, außer man tut es. Der Blumengruß vor meiner Tür war so ein unerwartetes kleines Alltagswunder. Und ich lernte, wie schön es ist, einem Menschen ohne jeden Anlass »einfach nur so« eine Freude zu bereiten – eine wirklich sehr beglückende Erfahrung.

Auch im Frühling bleiben wir, wer wir sind

Nun sind wieder die Tage da, die wir festhalten möchten. Wir reiben uns die wintermüden Augen! Wir bleiben an einer Häuserwand stehen und blinzeln nach oben – Frühling, Kinderlachen, Flirt, knallbunte Reiseprospekte, Osterhasen in den Schaufenstern, helle Mäntel, offen getragen, Liegestühle auf den Balkonen, Blumen für die Sekretärin – und hoffentlich auch für die eigene Frau.

Vor allem fühlen wir in uns so eine Spur von Unruhe, eine leise Angst, die hellen Tage nicht ausschöpfen zu können – da ist zu viel Arbeit in der Fabrik, im Haushalt, im Büro. Der eine kurze Weg einmal rund um den Häuserblock, das kann doch nicht alles sein!

Wir ertappen uns, dass wir sogar am Tage träumen: Plötzlich fällt unser Blick auf ein Plakat, das einen endlos weißen Strand verheißt, wir haben unbändige Sehnsucht nach dem Meer; wir glauben wirklich, das Leben sei ein einziger Warenhauskatalog, aus dem wir auswählen können, was immer wir uns gerade erhoffen: Liebe oder wenigstens Freundschaft, Einsamkeit oder Ferienrummel – alles scheint machbar, manipulierbar, bezahlbar, unsere Wünsche brechen auf wie Knospen –, Frühling, was willst du mehr?

Aber es gibt eine unerbittliche Wahrheit: Wohin wir

auch gehen, was wir auch tun, eines bringen wir auf jeden Fall immer mit: uns selber.

Mögen uns Prospekte noch so viel erzählen, wie bunt die Welt ist, aber gehen wir im Leben – und fahren wir in den Ferien – doch bitte dorthin, wo wir mit uns selbst im Einklang sein werden – und mit den Menschen, die wir lieben.

So nobel kann kein Fünf-Sterne-Hotel, so exquisit keine Küche, so perfekt kein Service sein, dass wir nicht ganz schnell spüren: Das alles ist eine wunderschöne Kulisse –, das Stück aber, um das es geht, das spielen wir. Vom einfachen Leben will heute keiner etwas hören, da wir die Chance des vielfachen Lebens haben. Doch wenn wir ehrlich sind, besitzen wir eigentlich nur die Kraft zu dem uns gemäßen Leben.

Morgen ist Sonntag, da lässt sich gut darüber nachdenken, was wir für unser eigenes Glück wirklich brauchen. Und das kann dann durchaus die nahe Lüneburger Heide sein und nicht der ferne Ipanema-Strand von Rio de Janeiro …

Von den kleinen Gesten,
die den Tag erhellen

Plötzlich war die Angst da. Er ging heute nicht, wie so oft, in Gedanken versunken durch die Straßen seines Viertels, er schaute sich vielmehr alles ganz bewusst an – die Fassaden der Häuser, die Gesichter der Nachbarn –, als wollte er sicherstellen, dass diese Bilder in seiner Erinnerung bleiben. Denn: Morgen wird der Möbelwagen kommen.

Dabei hatte er diesen Abschiedstag herbeigesehnt, bis endlich der Brief kam, der für ihn Schicksal spielen sollte. In dem Brief lag der unterschriebene Vertrag für eine »ganz besonders große und bedeutsame Aufgabe« in einer neuen Firma – und in einer anderen Stadt. Als auch seine Frau meinte: »So etwas kann man einfach nicht ausschlagen« – hatte er seinerseits auch unterschrieben.

Seltsam, die Briefträgerin, die seit zwei Jahrzehnten alle Post brachte, grüßte ihn heute beim letzten Spaziergang besonders freundlich. Als er sie dann fragte, wie er seine Post umdirigieren könne, schien sie die Welt nicht zu begreifen: »Was, Sie wollen wirklich fortziehen?« Und dann fügte sie stolz hinzu: »Unsereins verlässt man doch nicht.«

Es war ja nicht nur die Briefträgerin, die er nun verließ; es war der Masseur, der in seinen Schultern immer genau den schmerzenden Punkt fand; der Zahnarzt, der ihn trotz Termindruck immer »dazwischenschob«; der Apotheker, der ihm auch schon mal ein rezeptpflichtiges Schlafmittel zusteckte, wenn er mit seinen Nerven am Ende war; der Monteur in der Autowerkstatt nebenan, der zu ihm kam, wenn sein Auto nicht anspringen wollte. Und der Mann vom Schlüsseldienst, der sogar am Heiligen Abend die Haustür öffnete.

Kurzum, es war die ganze Infrastruktur, die er nun opferte: das Winken des Zeitungsboten, das Lächeln der Mädchen an der Kasse im Supermarkt, der sichere Griff des Zigarettenhändlers zu »seiner« Marke, sobald er nur den Laden betrat.

Er wusste plötzlich: Es sind nicht die Freunde, die man verliert, die bleiben einem ja erhalten, durch Briefe, Telefonate, Besuche hin und her –, nein, es ist dieses harmlose Miteinander im Alltag, das plötzlich wegbricht.

Um nicht melancholisch zu werden, dachte er nun wieder an seinen Vertrag, an die verlockende neue Machtfülle, den luxuriösen Dienstwagen, die vielen Extras …

Vergebens. Eine Spur von Wehmut, die blieb. Auch wenn die nachbarschaftlichen Gesten nichts »wert« sind, so erhellen sie doch den Tag. Sie sind, wie er jetzt – erst jetzt! – spürte, die »wahren Extras« im Leben, die so kostbar sind, obwohl sie doch gar nichts kosten.

Von jeder Ehe sehen wir nur die Fassade

Er sei zufällig in der Stadt, sagte mein Freund aus alten Tagen am Telefon, er würde heute Abend einmal kurz vorbeischauen, »bitte keine Umstände«, es sollte so ungezwungen sein, wie es immer war, wenn er mit seiner Frau bei uns erschien. Und dann hörte ich noch, wie er mit einer Überraschung herausrückte: »Ich bringe übrigens meine neue Frau mit, sie freut sich schon, euch endlich kennenzulernen, ich habe ihr schon so viel von euch erzählt.«

Mir war, als sei plötzlich, sozusagen mitten im Stück, der Vorhang gefallen, und ein unbekanntes Schicksal hätte nun die Regie übernommen.

Und dann kamen sie: mit Tulpen und einer Flasche Champagner. »Das Kennenlernen muss doch gefeiert werden«, rief mein Freund mit jener forschen Fröhlichkeit, die es immer dann gibt, wenn Unsicherheit im Spiel ist. Und redete ohne Unterlass auf uns ein, als müsste er uns seine wunderschöne neue Liebeswelt erklären.

Die Neue an seiner Seite war jünger und kühler als seine erste Frau, von der er sich getrennt habe: »Man lebt doch nur einmal«, leider hätte sie mit ihm nicht Schritt gehalten, sei zu sehr im Haushalt aufgegangen. Und die Kinder? Ach ja, die Kinder! Die hätten die Trennung auch nicht mehr verhindern können, »wer dankt es einem denn, wenn man die Kinder zum Maßstab seiner eigenen Lebensentscheidung macht?«

Je länger er sprach, desto fremder wurde er uns. Die Neue an seiner Seite – ohne Zweifel attraktiv, modebewusst, ehrgeizig, passte zu seiner jäh aufgebrochenen Egozentrik.

Und so wurde es ein trauriger Abend. Ein richtiges Gespräch kam nicht in Gang. Der Monolog seiner Eitelkeit versandete an unserer Betroffenheit. War er mit der neuen Frau zugleich selbst ein neuer Mensch geworden? Oder hatten wir ihn in seiner Härte vorher nur nicht richtig erkannt?

Als die beiden gegangen waren, fühlten wir uns auf seltsame Weise irgendwie ohnmächtig, weil wir bisher glaubten, die Ehe unseres Freundes genau zu kennen –, ein Irrtum, wie wir nun wissen.

Wir sehen nämlich von jeder anderen Ehe immer nur eines: die Fassade, nichts als die Fassade.

Was wirklich glücklich macht

Wir alle kennen diese Augenblicke, wir erleben sie irgendwann, sie kommen unangemeldet, sie sind in keinem Reiseprospekt beschrieben – aber dann sind sie plötzlich da! Jetzt müsste man die Zeiger der Uhr anhalten, dieser Tag dürfte sich nicht neigen, das Lachen nicht verwehen, die Gedanken müssten endlich das Rätsel unseres eigenen kleinen Lebens lösen.

Wir sitzen am Meer, Sand rinnt durch die Finger, keine Menschenseele weit und breit. Wir spüren auf eine wundersame Weise unsere Existenz: Wie wenig brauchen wir doch eigentlich, um wirklich glücklich zu sein!?

Mir ist es so gegangen, am Strand von Lindos, nahe Rhodos, die Ruinen des Tempels der Athena Lindia, der Göttin der Weisheit, über mir und ein Meer vor meinen Augen, in dem sich ein offener, ich möchte sagen »himmlischer Himmel« spiegelte. Und sofort kam das Gefühl: Hier müsste man bleiben, mehr braucht man nicht zum Glück.

Doch dann fiel mir ein, dieses einfache Märchen stimmt ja gar nicht: Ich dachte an die freundliche Dame im Reisebüro, die täglich acht Stunden Nervenkrieg mit hochgespannten Urlauberwünschen führt; an Stewardessen, die zweimal am Tag in vollgepackten Maschinen über Europa gejagt werden; an Piloten, die präzise arbeiten müssen, weil sie für das Leben von hundert, zweihundert Menschen verantwortlich sind; an den Leihwagenvermieter, der Überstunden macht; an Taxifahrer, Kellner, Zimmermädchen, Köche, an all die vielen, die im Hintergrund arbeiten, oft rund um die Uhr, damit die Touristenströme, die Kreuzzüge der Zivilisationsmüden, möglichst sicher quer durch die Welt kommen.

Zusammengerechnet kam ich allein auf mindestens fünfzig Menschen, die gearbeitet haben, damit ich diese eine überirdisch schöne Stunde an griechischen Gestaden verbringen konnte.

Ihnen allen möchte ich danken: Ich werde nie mehr fragen: Wir wenig brauchen wir eigentlich, um glücklich zu sein? Ich werde sagen: Was ist an Mühen nötig, damit einmal ein Wunder eintritt, das ich erlebte, als ich glaubte, Gott schaue direkt auf meine kleine Bucht, wo er den Apostel Paulus an Land gehen ließ …

Ja, was ist alles nötig, damit wir Schönheit sehen!

Der Irrtum, dass man alles nachholen kann

Er war ein Nachbar, nur ein paar Wände trennten sein Leben von meinem Leben, wir gingen auf derselben Straße vor unserem Haus, viele tausend Male, ich wusste nach all den Jahren seinen Nachnamen, den Vornamen wusste ich nicht. Nur ein Mal habe ich an seiner Wohnungstür geklingelt, als der Postbote eine Drucksache irrtümlich bei mir abgegeben hatte. Er bat mich einzutreten, aber ich war in Eile, wie immer in Eile, und so sagte ich: »Ein anderes Mal gerne, vielen Dank« – und ging.

Wir trafen uns später seltener, mir fiel nur auf, dass in seinem Zimmer nachts lange das Licht brannte, manche Nacht schien es überhaupt nicht zu erlöschen. Ich war dennoch nicht in Sorge, ich kannte ja nur seinen Nachnamen, den Vornamen kannte ich nicht; wusste nur – woher eigentlich? –, dass er es am Herzen hatte, rote Äderchen in seinem Gesicht waren mir einmal aufgefallen, aber, was besagt das schon? – Und ich versuchte, sein Alter zu schätzen: etwas über siebzig, ein Irrtum, wie sich später herausstellen sollte.

Mehr wusste ich nicht von dem freundlichen Mann, mit dem ich ein »Wie geht's« und ein »Danke, gut« hin- und hergrüßte, Floskeln im Vorbeigehen. Er hatte, eindeutig, immer etwas mehr Zeit als ich, schien auf ein Gespräch zu hoffen, rief mir kürzlich erst über die Straße hinweg die liebenswürdige Mahnung zu: »Sie wollten mich doch einmal besuchen!« – Aber da schoben sich Autos zwischen seine Aufforderung und meine Antwort, von der ich so schnell nicht wusste, wie sie eigentlich lauten könnte.

Ich sollte das nächste Mal wirklich zu ihm gehen, dachte ich, wenigstens für eine halbe Stunde, was ist schon eine halbe Stunde? Wie viele Minuten vergeudet man nicht sinnlos an einem Tag, und diese halbe Stunde würde nicht einmal sinnlos sein, denn der Mann hatte ja ein Leben gelebt, er hatte sicher etwas zu sagen, er war nur an den Rand gedrängt worden. Und er hat es am Herzen, ich sagte es schon, da wird man schnell beiseitegeschoben, heute – was soll ich noch berichten?

Gestern hörte ich, dass der Nachbar gestorben ist, Herzinfarkt – Mitte sechzig. Nur ein paar Wände trennten sein Leben von meinem Leben – und ein paar Gedankenlosigkeiten. Und der kleine große Irrtum, dass man immer glaubt, alles eines Tages noch nachholen zu können.

Venedig sagt dir, was deiner Seele fehlt

Mein erster Gedanke, schon bei der Ankunft: Mein Gott, warum habe ich Venedig so lange links liegen gelassen? Da düst man um den Globus, auf der Suche nach der vollendeten Schönheit, dem Glanz, dem Zauber gar, der sich in der Natur, in Schlössern und Kirchen offenbart – und hat dabei La Serenissima praktisch vor der Haustür.

Und siehe da: Venedig steht noch immer. Es ist nicht vom Schlamm niedergewalzt. Die morschen Pfähle halten. Die Dämpfe aus dem Canal Grande sind nicht so faulig, dass Gasmasken verteilt werden müssten. Und die Gondeln tragen auch keine Trauer, sondern sie schippern vergnügt durch die Kanäle.

Also bitte keine Veränderungen – das ist mein Wunsch. Ein inbrünstiges Gebet für diese Stadt, die wie ein Gegenpol wirkt inmitten einer veränderungswütigen Welt, in der alles noch immer schöner und besser werden soll.

Venedig aber kann nicht schöner werden. Nicht erhabener. Nicht würdiger. Es ist, wie Goethe in seiner »Italienischen Reise« im September 1786 notierte, »ein großes respektables Werk versammelter Menschenkraft«.

Irgendwie müssen die Menschen in früheren Zeiten andere Menschen gewesen sind. Unvorstellbar, dass wir heute auch nur ein einziges Juwel dieser Art erschaffen könnten. Wir hätten dafür vielleicht noch das Geld, die Maschinen. Aber der Geist, der solches Zeugnis »versammelter Menschenkraft« schaffen könnte, der ist im Zeitgeist des »Was ist drin für mich?« sang- und klanglos untergegangen.

Ich höre, wie auf der Rialtobrücke eine ältere Dame zu ihrer Begleiterin seufzend sagt: »Wenn nur die Hälfte der Menschen hier wäre, dann wäre Venedig doppelt so schön.« Das alte Lied – Touristen sind immer die anderen.

Plötzlich überfällt mich ein Gedanke: Ich möchte diese Stadt nicht fotografieren, ich möchte sie malen. Ja, Venedig weckt schlummernde Sehnsüchte. Ein Jahr mit Staffelei, Leinen und Farben, das wäre es! Man wird ja einmal träumen dürfen, deutscher Reisender mit dem Rückflugticket in der Tasche, der man ist. Ist das Rückflugticket nicht so etwas wie ein Ausweis fürs Angebundensein?

Es soll Menschen geben, die nie mehr nach Venedig fahren, weil der Trennungsschmerz für sie von Mal zu Mal größer – und schließlich unerträglich – wird, ich glaube das. Venedig sagt dir nämlich, wer du zutiefst in deiner Seele wirklich bist – und vor allem: Was deiner Seele fehlt zum irdischen Glück.

Zurück zur Natur: ein Osterspaziergang

Liebe Freundin, Sie haben etwas spöttisch gelächelt, als ich Ihnen sagte, ich hätte Sehnsucht nach einem Osterspaziergang, ganz so wie in alten Zeiten bei unseren Vätern. Nach dem Dichterwort »Vom Eise befreit sind Strom und Bäche« möchte ich hinaus in die Natur, von der ein Philosoph gesagt hat, sie würde uns Menschen deshalb so guttun, weil sie kein Urteil über uns hat – vor ihr sind wir wirklich alle gleich.

Es geht mir bei einem solchen Spaziergang nicht um körperliche Fitness (die in ihrer Übertreibung bei uns manchmal sogar krankhaft wirkt) – es geht mir um etwas, was total altmodisch klingt, aber wunderschön ist: den Seelenfrieden.

Denn ich denke, wir alle müssten etwas für unsere Seelen tun, die, zumindest im Unterbewusstsein, unter den Stromstößen der täglichen Horrormeldungen leiden, weil uns mit schrecklichen Bildern gezeigt wird: Unsere Welt ist krank, und wir Menschen haben aus unserer Geschichte bisher nichts gelernt – eine durchaus demütigende Erkenntnis.

Wen schmerzt es nicht, wenn er sehen muss, wie verzweifelt Mütter um das Leben ihrer Kinder in Terrorzonen beten und Frauen um das Leben ihrer Männer im Kriegseinsatz bangen. Wie sie über Särgen zusammenbrechen. Wie alle ihre Klagen ohne Echo bleiben, als sei die Erde zu Stein geworden.

Geheimnisvoll, dass wir in den Momenten, da wir uns vom Alltag mit seinen Sorgen bedrängt fühlen, nur einen Wunsch haben: in die Natur zu fliehen, die größer, mächtiger, auch schöner ist als wir selbst.

Der gewaltigste Prediger dieser »Zurück zur Natur«-Philosophie, der französische Gelehrte Jean-Jacques Rousseau, schrieb vor über 250 Jahren: »Der Friede der Seele besteht in der Verachtung all dessen, was ihn stören kann.« Und er nennt zwei Beispiele:

»Der Mensch, der sich aus dem Leben am meisten macht, weiß es am wenigsten zu genießen; und wer am gierigsten aufs Glück aus ist, ist jederzeit der Elendste.«

Mit diesem Zitat, über das man lange philosophieren könnte, möchte ich Ihnen einen Osterspaziergang wünschen, bei dem Sie nicht nur Ihren Füßen, sondern auch Ihren Gedanken freien Lauf lassen.

Was nur ein Grossvater sagen kann

Meine liebe Enkelin, morgen feierst Du Deinen 18. Geburtstag. Das bedeutet: Endlich frei! Endlich volljährig – ein hässliches Wort, aber eine wunderbare Sache. Die Politiker wollen nun Deine Stimme, die Lehrer sind mit ihrem Latein am Ende, Vater und Mutter haben Dir »bei aller Liebe« theoretisch nichts mehr zu sagen. Ja, so viel Freiheit war nie – und wird vielleicht nie wieder sein.

Und nun komme ich. Dein Großvater, und sage Dir aus langer Erfahrung: In Wahrheit ändert sich nichts, jedenfalls nichts in den wesentlichen Dingen, und das sind die, die mit dem Herzen zu tun haben.

Sicher, ein paar Kulissen werden nun auf der Bühne des Lebens hin- und hergeschoben – die erste Fahrt am Steuer eines eigenen Autos vielleicht? –, aber das Stück hat immer noch denselben Hauptdarsteller: nämlich Dich!

Deine »Kindheit« ist kalendermäßig zu Ende, aber ist das ein Grund zum Jubeln? Ich weiß es nicht. Kindheit ist auch heute im Zeitalter der Computerspiele immer noch ein verwunschenes Land. Ein Kind ist sichtbar gewordene Liebe; ohne Kinder wäre die Welt eine Wüste; wenn du ein Kind siehst, begegnest du Gott auf frischer Tat –, Dichterworte, wahre Worte.

Und dann gibt es einen Gedanken von Nobelpreisträger Elias Canetti, der mir wahrhaft in die Glieder schoss: »Vielleicht ist kein einziger Mensch es wert, ein Kind zu haben.« Wie viel Demut steckt in diesem Satz!

Haben nicht auch wir, Deine Eltern, Deine Großeltern die gigantische Verantwortung gespürt, als wir Dich in der Geburtsklinik zum ersten Mal bewunderten?

Und heute bist Du 18 Jahre alt! Du gehst hinaus ins Leben, Deine Eltern aber erkennen spätestens jetzt die Wahrheit: »Kinder können ihre Eltern verlassen, aber Eltern niemals ihre Kinder.« (Hans Habe)

Eine Frage beschäftigt heute meine Fantasie: Wie mag es auf dieser guten alten Erde ausschauen, wenn Du so alt bist wie ich heute? Vielleicht machst Du dann Urlaub auf dem Mond? Vielleicht gibt es keine Krankheiten, keine Schmerzen mehr?

Ich wünsche es Dir, liebe Enkelin. Das Leben beschleunigt sich dramatisch, darum halte Balance; erkenne, dass das Maß aller Dinge die Liebe ist, die uneigennützige Liebe wohlgemerkt. Und gib ein bisschen Liebe an die Eltern zurück, sie brauchen es mehr, als Du je denken kannst.

An die Liebe meines Lebens

Eine Notiz, die das Herz bewegt: Am 10. März 1906 schrieb der große russische Dichter Leo Nikolajewitsch Tolstoi in sein Tagebuch, dass sich ein dummes und trauriges Gefühl seiner bemächtigt habe. Gegen Abend verwandelte sich dieser Seelenzustand, »in Verlangen nach Liebkosungen, nach Zärtlichkeit«.

Der große Dichter mit der einsamen Seele wünschte nichts so sehr, »als sich an ein mitfühlendes Wesen zu drängen und sich trösten zu lassen. Ich wollte ganz klein werden und mich meiner Mutter nähern, so wie ich sie mir vorstelle.«

Der Grund für diese überraschende Bemerkung: Tolstois Mutter war gestorben, als der kleine Leo gerade zwei Jahre alt war, er konnte sich also an sie nicht erinnern. Gleichwohl schrieb er: »Du, Mama, nimm mich in den Arm, streichle mich.« Da war Tolstoi immerhin 78 Jahre alt, im Winter des Lebens.

In einem solchen melancholischen Augenblick überfiel ihn die Sehnsucht nach jener Liebe, die nur ein Mensch unter Milliarden Menschen zu geben vermag: die Mutter. Nicht die Frau, Geliebte, Schwester, auch nicht Vater, Bruder, Sohn.

Man muss kein Dichter sein, um die Botschaft dieser Notiz zu verstehen: Mutterliebe ist mit keiner anderen

Liebe vergleichbar, sie ist da, wenn du sie brauchst, sogar über den Tod hinaus. Sie ist kostbar, aber – und das ist die Frage des morgigen Tages – ist uns das auch immer bewusst?

Es gibt Menschen, die sagen: Mein Gott, nicht schon wieder Muttertag. Nicht schon wieder den rosaweißen Flieder, den Mutter so liebt, schnell vorbeigebracht, oder per Fleurop ins Haus geschickt – oder ins Heim, wo Mutter auf Zeichen der Liebe ihrer Kinder wartet und wartet und wartet. Nein, diese Liebe auf Knopfdruck, was soll sie wert sein?

Und wenn ich die schicken jungen Mütter sehe, die mit einem Kinderwagen vor sich her durch unsere Straßen skaten, dann frage ich mich schon: Kann man diese modernen Frauen überhaupt noch mit einem »Muttertag« beglücken? Ist das nicht überholt vom coolen Zeitgeist?

Meine Beobachtung ist eine andere: In einer stillen Minute werden selbst Spötter nachdenklich, weil sie insgeheim wissen: Wenn wir einmal verzweifelt sind, wenn wir jemanden suchen, der an uns denkt und nicht an sich selbst, ist da nur ein Mensch: die Mutter. Und spätestens dann, wenn man sie verloren hat, weiß man um diese Wahrheit.

Denn solange die Eltern leben, sind wir noch Kinder, die den Tod nicht ernst nehmen; wenn die Eltern aber sterben, ist es gleichsam, als ob eine Wand, die uns vom Tode trennte, weggerissen würde.

Der Zauber der Vergangenheit

Wie ich ihn liebe, den Zauber der Vorsaison. Ich wollte ihn unbedingt noch einmal erleben so wie früher, als ich immer spontan südwärts fuhr, von Sonnensehnsucht getrieben.

Mein Ziel: ein kleines, verwunschenes Hotel an der Adria nahe Venedig. Ich fuhr ohne Voranmeldung, der Hoteldirektor wird sich sicher an mich erinnern, er wird mich wie immer fragen, ob ich wieder das Zimmer ganz oben links haben möchte, ja, das Zimmer mit Meerblick und dem Balkon um die Ecke. Ich freute mich schon aufs Wiedersehen – da blieb ich plötzlich erschrocken stehen: Mein Hotel hatte geschlossen, Möbelwagen standen vor der Tür, die Gardinen waren schon von den Fenstern abgehängt …

Der alte Portier, der noch im Garten herumlief, sagte traurig, der Chef habe aufgehört: »Wissen Sie, die Personalsorgen …« Von Jahr zu Jahr sei es unerfreulicher geworden: Es wurde nur noch vom Verdienen geredet, kaum noch vom Dienen. Dazu der Ärger mit den Behörden. Und dann, er blinzelte mich an, als ob ich kein Gast bin, der hier noch einmal sein Glück versucht, sondern ein Eingeweihter – »die Gäste sind heute auch nicht mehr, was sie früher mal waren«. Nur so dahingesagt, nichts Genaueres, soll ich mir doch denken, was ich will.

Ob das Haus unter »neuer Leitung« wieder eröffnet würde, fragte ich, um im selben Augenblick zu spüren, dass diese Frage total sinnlos war: Ich suchte ja die Vergangenheit, die Erinnerungen an meine Kinder, die hier durch die Halle tobten; an die Zeit, als ich im kleineren Auto als heute vorfuhr – mit weniger Gepäck, und das nicht nur bei den Koffern.

Wie unheimlich leer so ein Haus plötzlich ist, wenn der Chef aufhört, müde wird, enttäuscht von dannen zieht. Das Ferienparadies war inzwischen mit Bettenburgen zubetoniert. Der Parkplatz vor dem Haus: verwildert. Die Speisekarte des letzten Menüs im vergangenen Herbst: hinter Glas vergilbt.

Vielleicht kommt alles einmal wieder, unter »neuer Leitung«. Aber dann wird es ein computergesteuertes Management sein, Bettenumschlag pro Besucher pro Nacht, alles stromlinienförmig, kühl; kein Händedruck mehr für ankommende Besucher, nichts Persönliches. Das Haus mit dem alten Chef ist dahin. Und meine Erinnerungen an ein paar Ferienträume haben keine Heimstatt mehr.

Als ich davonfuhr, dachte ich: Es ist der Mensch, der all den Dingen eine Seele gibt.

Die Fassade eines Lebens

Die Tochter wollte das Buch schon zu all den anderen aussortierten Sachen legen, die der Nachlass-Service am Nachmittag abholen würde. All diese Dinge, die an ihren Vater erinnerten – Bilder, Anzüge, Möbel, Krimskrams jeder Art; die bittere Stunde in ihrem noch jungen Leben ging gleich dem Ende entgegen, da fiel ihr noch ein Buch in die Hände, das sie bei ihrem Vater am allerwenigsten vermutet hätte – es war der Millionen-Bestseller »Sorge dich nicht – lebe!« von Dale Carnegie. Für einen Augenblick hielt die Tochter das Buch unschlüssig in den Händen, ehe sie begann, in den Seiten zu blättern – und erschrak. Denn ihr Vater hatte doch tatsächlich dieses Ratgeber-Buch nicht nur gelesen, sondern Seite für Seite durchgearbeitet.

Für sie war diese Entdeckung ein Schock. Denn was hatte ihr Vater mit Rotstift unterstrichen? Tipps gegen Depressionen, Schlaflosigkeit, ja, sogar gegen Todesangst. Tipps für den richtigen Umgang mit mächtigen Chefs, dabei hatte er doch selbst als Steuerberater einer großen Kanzlei eine Super-Karriere hingelegt. Tipps, wie man den Krebs psychisch im Keim erstickt. Und – doppelt unterstrichen –, dass der weise Mahatma Gandhi nach seinen eigenen Worten ohne seine täglichen Gebete längst zusammengebrochen, ja wahnsinnig geworden wäre.

»Beten! Beten!«, hatte Vater an den Rand geschrieben, gleichsam als Auftrag an sich selbst, auch rot markiert. Ihr Vater, der höchstens Weihnachten zum Kirchgang zu bewegen war! Unfassbar!

Und dann gab es da noch den Satz auf Seite 166: »Kein Mensch auf der Erde ist so wie Sie!« Eine »Binse«, aber der Vater hatte diese Stelle auch markiert, als ob er es nötig gehabt hätte, zu sich selbst zu finden.

Und plötzlich kamen ihr all die Ängste, Sorgen, Verzweiflungen zum Bewusstsein, die ihr Vater vor der Familie, aber auch vor allen Freunden versteckt haben musste, um umso überzeugender den »Strahlemann« geben zu können in dem Schauspiel, das wir unser Leben nennen. Bis er mit einem Herzinfarkt zusammengebrochen war, nur sechsundfünfzig Jahre alt, gefällt wie ein Baum.

Für einen Augenblick verfluchte sie sich selbst, dass sie ungewollt die Chiffren seiner Existenz aufgebrochen hatte. Aber es war geschehen. Und als sie spätabends ihre Mutter traf, sagte sie nur: »Vater hatte es in seinem Leben wohl doch nicht so leicht, wie er uns immer weismachen wollte.« Worauf die Mutter antwortete: »Aber er tat gewiss alles aus Liebe, er wollte uns sicher nur schonen.«

Und die Tochter wusste augenblicklich: Dieser Satz war wirklich der einzige Trost in all ihrer Trauer.

Jeder kocht sein eigenes Süppchen

Liebe Freundin, Sie leiden also, wie Sie mir sagten, an der dahineilenden Zeit, in der sich vor allem im Politischen so wenig zum Guten ändert. Sie leiden darunter so sehr, dass sich Ihre Seele sogar zeitweilig verdüstert. Zwar glauben Sie, dass sich die Erde immer irgendwie weiterdreht, aber Ihrer Meinung nach in der falschen Richtung, »weil die meisten Menschen, vor allem aber die Politiker, doch nur ihr eigenes Süppchen kochen«.

Darum erzähle ich Ihnen jetzt die Legende von vier indischen Bettlern, die in Kalkutta zusammenkamen. Sie wollten nicht nur Bettel-Tricks austauschen, sie fassten auch den Beschluss, sich selbst einmal eine richtig gute Mahlzeit zu gönnen – und jeder sollte etwas dazu beitragen.

So trafen sich die vier am nächsten Abend wieder. Der eine Bettler hatte eine Hand voll Reis mitgebracht, der zweite ein Stück Fleisch, der dritte schmackhafte Wurzeln, der vierte einen Beutel Gewürze – es fehlte also an nichts.

Nun wurde Wasser geholt und jeder aufgefordert, seinen Teil zum Gelingen beizutragen und in den Topf hineinzugeben. Nun warteten die vier Männer ab, bis die Suppe lange genug gekocht hatte – und dann wurde zum Mahl gebeten.

Mit geschlossenen Augen nahm jeder an einem kurzen Tischgebet teil, ehe das Essen ausgeteilt wurde. Wie groß aber war das Entsetzen, als jeder in der Runde nichts anderes erhielt als eine Schale – mit heißem Wasser. Was war geschehen?

In der Dunkelheit hatte jeder seinen Anteil zurückgehalten, weil er dachte, es würde ausreichen, wenn die anderen drei das Ihre für das gemeinsame Mahl gäben.

So ähnlich geht es leider auch bei uns zu, nicht überall und nicht immer, aber doch zu oft.

Ich kann Sie also nicht trösten, was diesen Punkt Ihres seelischen Kummers angeht. Und Ihr Schmerz über die dahineilende Zeit? Schauen Sie mal wieder in die Schriften der alten Meister, die die Gaukelspiele der Welt glasklar durchschaut haben, also Platon, Seneca, Epikur oder Marc Aurel, der uns diese Botschaft zurief: »Vergiss nie, dass jeder nur diesen gegenwärtigen Moment lebt. Die übrige Zeit hat er entweder gelebt, oder sie liegt im Ungewissen. Es ist also nur eine winzige Spanne Zeit, die ein jeder lebt, winzig auch der Fleck der Erde, wo er lebt.«

Liebe Freundin, genießen Sie in diesem Sinn den heutigen Tag. Und was die Politik angeht, so denken Sie bitte daran: Die Wassersuppe von Kalkutta wird heute leider europaweit serviert.

Es herrscht »Handtuch-Krieg«

Ferienfreunde, es ist zum Verzweifeln, aber der Krieg ist noch immer nicht zu Ende! Es wird vermutlich eher allen Kriegen der Garaus gemacht, bevor dieser eine Krieg endlich einmal aufhört: der »Handtuch-Krieg« in den großen Ferienhotels, wie ich ihn gerade wieder erlebt habe.

Da schleichen sie zu früher Stunde, kaum dass sich die Sonne wie ein glutroter Ball über dem Meer erhoben hat, aus ihren Zimmern, huschen über die Korridore, eilen dem Strand oder Swimmingpool entgegen, den Blick starr auf den am Abend zuvor ausgekundschafteten, strategisch besten Punkt gerichtet, an dem sie den Tag verbringen wollen, und legen, ein bisschen verschämt um sich blickend, Handtücher auf die Liegestühle, ehe sie sich dann wie Diebe davonschleichen.

Ich weiß nicht, ob diese »Besatzermentalität« eine deutsche Erfindung ist, aber dass die »Weltmeister im Reisen« es auch hier – neben den Engländern – zur Meisterschaft gebracht haben, verrät eine Menge über dieses Talent: immer vorneweg und total durchorganisiert von jener ersten Sekunde des Tages an, den man eigentlich mit südlicher Lässigkeit und im Gefühl der unendlichen Leichtigkeit des Seins genießen sollte.

Doch wenn die Frau, noch halb schlafend, ihrem Mann zuruft: »Heute bist du dran!«, worauf er spornstreichs mit den Handtüchern »in Aktion« tritt, dann weiß man: Auch im Paradies wird nichts dem Zufall überlassen.

In diesem Zusammenhang muss leider – zur Warnung! – noch von einer Eskalation des »Handtuch-Krieges« berichtet werden – gleichsam die atomare Schwelle, die neuerdings überschritten wird: Es gibt sogar Leute, die auch noch die benachbarten Liegestühle beschlagnahmen, um sie, wenn das Gedränge später immer größer wird, auf Anfrage nur dann freizugeben, wenn ihnen die zukünftigen Nachbarn auf den ersten Blick sympathisch sind und sie vor allem keine Kinder haben.

Täuschen wir uns nicht: Auch wenn der »Handtuch-Krieg« eigentlich nur eine Bagatelle ist, so drückt er doch gerade in den »schönsten Wochen des Jahres« wie ein Stein im Schuh.

Vielleicht kommen wir ohne ein Urlaubsgesetz nicht mehr aus. Der erste Paragraf müsste dann lauten: Ein Liegestuhl, der »besetzt« ist, ohne wirklich besetzt zu sein, ist nicht besetzt.

KLEIDER MACHEN GEFÜHLE

Da hing er also doch noch, ganz hinten links im Kleiderschrank – der gute alte Sommeranzug. Er hat die endlosen grauen Wintertage überlebt, er hat von Weihnachten nichts gesehen, nichts vom Fasching, nichts von vielen kleinen Festen – dafür war er zu hell, zu leicht. Er hat vielmehr voller Ungeduld auf seine Stunde gewartet, etwas zerknittert sah er schon aus.

Aber heute ist auch offiziell Sommeranfang, die Sternstunde des leichten Sommeranzuges ist da. Er wird mit einem kühnen, entschlossenen Griff aus dem Schrank nach vorne geholt, die unglaubliche Sonne dieser Tage macht es möglich.

Ich halte ihn prüfend in gleißendes Licht: Er sieht eigentlich noch ganz passabel aus. Meine Frau hatte zwar im Herbst gesagt: »Im nächsten Sommer ist auf jeden Fall ein neuer Anzug fällig, er wirkt doch schon sehr altersschwach.« Aber ich fand jetzt: Mit diesem alten Stück komme ich doch noch mal gut durch den Sommer. Ach, wenn alle Frauen wüssten, wie anhänglich Männer sein können, wenn es ... um ihre alten Klamotten geht.

Ob sich Anzüge in den Wintermonaten erholen können? Mir erschien er jetzt viel heller, er war auch leichter, als ich ihn damals in der spanischen Hitze auf Ibiza in Erinnerung hatte, wo ich ihn zuletzt getragen hatte. Und er war vor allem eines: Er war da! Anzüge, die schon da sind, finde ich toll.

Ich zog ihn an und wurde sofort für meine unwandelbare Treue zu diesem alten Stück mit verlorenen Erinnerungen belohnt: Ich fand in einer Seitentasche die Eintrittskarte für einen Nightclub – ein Hauch des letzten Ferientages war plötzlich da, der Wellenschlag des Meeres, die Boote im Hafen, die Sangria-Nacht, die Luft, in der sich alle Sorgen auflösten – ja, ich glaubte sogar, die Rhythmen von einst wieder zu hören.

Natürlich zog ich die Jacke sofort an, und siehe da, der Anzug passte, wie er damals passte! Ja, ich hatte, als ich vor den Spiegel trat, schon fast das Gefühl, wieder in den Ferien zu sein. Kleider machen nicht Leute, Kleider machen Gefühle.

Was aber geschah, als ich meiner Frau erwartungsvoll in meinem guten alten Sommeranzug entgegentrat? »Ach ja, wir müssen noch in die Stadt, wir wollen dir ja einen neuen Sommeranzug kaufen«, sagte sie, ohne überhaupt näher hinzuschauen, es klang wie ein Todesurteil.

Ich glaube, wenn Anzüge weinen könnten, er hätte in diesem Moment eine dicke Träne im Knopfloch …

Jung sein zu wollen, heisst,
sich alt zu fühlen

Meine alte Tante ist 91 Jahre alt. Sie lebt in einer hübschen Stadtwohnung im vierten Stock. 43 Stufen. Ihr hohes Alter hat auch mit diesen verdammt vielen Stufen zu tun. »Wenn die Treppe nicht wär', ginge es meinem Knie sicher besser«, sagte sie oft. »Aber ohne diese Treppe wäre ich vielleicht schon tot, sie haben mein Herz ganz schön auf Trab gehalten.«

Es gibt Momente, da weiß meine Tante gar nicht, ob sie das gut finden soll, dieses lange Leben, dieses Hinwarten auf – ja, worauf eigentlich? »Aber ich will nicht klagen, wie geht es dir?«, lenkte sie dann von sich ab. Das tun alte Leute gerne dann, wenn sie jenen Grad von Weisheit erreicht haben, der sie wissen lässt, dass die Menschen sich heute ohnehin nur noch kurzfristig auf ein anderes Schicksal einstellen können.

Meine alte Tante gehört zu der Generation, die es sich nie leicht gemacht hat. Bis vor zwei Jahren schleppte sie beispielsweise ihre Wäschepakete noch selbst in einen Waschsalon. »So hatte ich oft Kontakt mit jungen Leuten.« Sie kam sich beim Warten »wie im Kino« vor, so viele Geschichten erfuhr sie da, während die Trockenschleuder rappelte. Manchmal hat ein junger Mann sogar ihre Wäsche nach Hause gebracht: »Die Jugend ist viel freundlicher, als es in der Zeitung steht.«

Jetzt muss meine alte Tante nach neunzig tapfer durchlebten Jahren noch einmal ganz tapfer sein: In ein paar Tagen zieht sie ins Altersheim. »Fällt dir der Umzug schwer?«, fragte ich – die trostloseste Frage, die mir je einfallen konnte.

»Glaub mir, es fällt schon schwer, seinen ganzen Haushalt aufzulösen, aber es ist meinem Alter entsprechend.« Sie sagte es mit fester Stimme – und ein bisschen Stolz war auch dabei. »Würden alle Menschen sich immer ihrem Alter entsprechend verhalten, wäre unser aller Leben leichter und besser.«

Dieser Satz hörte sich streng an, als wäre er im Haus der Buddenbrooks gesprochen worden. Aber hat meine alte Tante nicht recht? Wollen wir nicht alle immer jünger erscheinen, als wir sind, und wird dadurch nicht alles nur viel schwerer?

Sollte das Wort »entsprechend meinem Alter« irgendwann einmal irgendwo fallen, werde ich bestimmt sofort an meine zauberhafte alte Tante denken, die die geheimnisvolle und schwierige Kunst beherrscht, auch mit den späten Jahren klug umzugehen.

Ja, ich glaube, altersgerecht zu leben, ist wirklich der beste Weg zum Alters-Glück.

Das Storm-Wunder von Sylt

Letzte Juli-Tage auf Sylt. Ein Sonnensommer zeigt noch einmal, was er kann, wenn er gut gelaunt ist. Ich suche im Strandkorb Schatten, habe gerade ein ganz erstaunliches Buch gelesen, schon der Titel zeigte an, dass es nicht um leichte Strandlektüre geht: »Storms letzte Reise« – geschrieben von dem Mann, der das Leben des Dichters bis in den letzten Faltenwurf kennt – Professor Ernst Laage, der Gründer des Theodor-Storm-Museums. Es ist ein Buch, das mich sofort an ein Wort des großen jüdischen Religionsphilosophen Martin Buber erinnerte: »Jede Reise hat in sich ein Geheimnis, von dem der Reisende nichts ahnt.« Ob der Dichter wusste oder zumindest ahnte, dass seine späte Reise nach Sylt zugleich die letzte seines Lebens sein würde?

Storm ist immerhin im Jahr 1887 schon siebzig Jahre alt. Er hat einen grausamen Winter hinter sich – fünf Monate Krankenlager, die Diagnose Magenkrebs traf ihn ins Mark – »Wie schön ist es zu leben, nur zu leben!«, hat er oft ausgerufen, er empfand die Mitteilung der Ärzte nun wie eine »Verkündung eines Todesurteils«. Und mit dem »Schimmelreiter« kam er auch nicht voran.

So folgte er einer Einladung nach Sylt in der Hoffnung, »kräftiger wieder in den Winter zu kommen«, drei

110

Wochen sollten die Wende bringen, am 9. August 1887 ging es mit dem Zug nach Tondern, weiter mit einer Kutsche zur Hoyer-Schleuse, dort verließ er mit einem Raddampfer das Festland Richtung Munkmarsch auf Sylt, wo wiederum eine Pferdekutsche wartete, die ihn nach Westerland brachte. Ja, es war eine kleine Expedition, damals auf die Insel zu kommen, wohl auch ein Grund, warum der Husumer Storm die eigentlich ganz nah liegende Insel noch nie besucht hatte. Ich war gerade von München aus in 80 Flugminuten auf Sylt gelandet, da darf man schon mal unser modernes Leben loben.

Aber natürlich zahlen wir für unser schnelles Leben heute auch einen Preis – als Storm Westerland vor 127 Jahren betrat, standen dort 200 Häuser, machten dort nur 5256 Badegäste Ferien, ihm gehörte der Strand praktisch alleine. Heute gibt es in der Saison in Westerland über dreihunderttausend Besucher, auf ganz Sylt sind es im Jahr rund eine Million – Gedränge, Geschiebe, Rummel, Lärm, Stress.

Und wenn Storm auf den Strand schaute, sah er Badekarren, mit denen Männlein und Weiblein, voneinander streng getrennt, von Pferden oder starken Männern ins offene Meer gezogen wurden, erst dort konnten sie sich umziehen und in die Fluten stürzen.

Auch die ärztliche Betreuung war damals höchst sonderbar. Als Storms 27-jährige Tochter Lucie, die ihren Vater begleitete – (»Für einen greisen Vater gibt es nichts Holderes als eine Tochter«, schrieb schon Storms Dichterkollege Euripides vor zweitausend Jahren) –, ebenfalls

Magenschmerzen bekam, verordnete der Badearzt Dr. Lahnsen: warme Bäder, mehrmaliges Niederlegen ohne Corset, morgens Cacao, später Bouillon, Milch mit Cognac, zum Frühstück Sardellen oder Caviar – »und ich armer Vater musste ihr das nun alles besorgen«, schrieb Storm an seine Frau Constanze.

Aber wichtiger und aufschlussreicher ist ein anderer Satz, mit dem er seine vorzeitige Heimreise nach nur zehn Tagen Sylt ankündigte: »Das Leben ohne Dich will nicht recht mehr. Und dann wollen wir glücklich miteinander sein, eine Weile wird es ja noch gehen.«

Diese Melancholie und Lebensmüdigkeit wich aber in den folgenden Wochen einem Kreativitätsschub – der Dichter konnte seine größte Novelle »Schimmelreiter« am 9. Februar 1888 abschließen – Sylt, die magische Insel hatte mit ihrer gesund machenden Seeluft das Wunder vollbracht, ehe Theodor Storm dann fünf Monate später für immer die Augen schloss.

Wenn der Arzt kündigt

Nein, das kann doch nicht wahr sein! Das war doch so außerhalb jeder Möglichkeit, dass ich mich für einen Augenblick wie gelähmt fühlte … Denn mein Arzt sagte eher beiläufig zu mir: »Es ist gut, dass Sie jetzt noch gekommen sind, ich schließe nämlich in einem Monat meine Praxis.«

Da stand ich, mit blankem Oberkörper, in seinem Sprechstundenzimmer, und ein Gefühl der Verlassenheit überfiel mich. »Das können Sie mir doch nicht antun«, hörte ich mich nun sagen, eine ganz spontane Äußerung, für die ich mich schon in der Sekunde schämte, da ich sie aussprach: der totale Egoismus des Patienten – da war er in seiner ganzen hässlichen Pracht!

Ich war leider nicht auf den Gedanken gekommen, ihn nach den Gründen zu fragen, er nannte sie mir vielmehr unaufgefordert: Seine Frau habe ihn daran erinnert, dass er ja jetzt fünfundsechzig würde, dass das Leben nicht nur aus Patienten bestehe, dass es so viel Schönes nachzuholen gäbe – Reisen, Bücher, Musik. Und wenn auch die Medizin seine Passion sei, so hätte seine Frau doch wohl auch recht, nicht wahr? Und leise fügte er hinzu: »Glauben Sie mir, es kostet sehr viel Kraft, sich ständig um kranke Menschen zu kümmern.« Und dann, etwas zornig: »Und der Papierkrieg mit den Kassen, der gab mir den Rest.«

Wenn ich unterwegs war, konnte ich ihn aus allen Teilen der Welt anrufen, er stellte Ferndiagnosen, die immer stimmten, er kannte schließlich nicht nur meinen Körper, sondern auch meine Seele.

Um mich zu trösten, begann er nun, seine Rolle in meinem Leben herunterzuspielen: Er könne mir auch einen »tüchtigen Kollegen« empfehlen – wie konnte ihm dieser Fehler passieren, da er doch nebenbei ein so guter Psychologe war?

Denn was ist ein Arzt, wenn er gut ist, für den Patienten? Er ist Schutzengel und Beichtvater. Er gibt der Seele Halt. Er ist Wächter der Gesundheit. Etwas Magisches ist im Spiel, wenn eine Beziehung beim Ausstellen von Rezepten nicht endet. Es gibt Menschen, von denen man sich einfach nicht vorstellen kann, dass sie jemals aufhören – er gehörte dazu. Und, dass man als Patient gekündigt werden kann, daran hatte ich nie gedacht.

Können Sie nun verstehen, Herr Doktor, wie verloren ich mich fühlen werde, wenn ich in ein paar Wochen an Ihrem Haus vorbeigehe – und Ihr Namensschild nicht mehr an der Tür sein wird?

Das Leben verfliegt so schnell: der Preis der Frau für die Karriere des Mannes

Nun standen sie alle in einer Schlange, also dort, wo sie eigentlich sonst niemals stehen müssen, die hochmögenden Herren aus den Führungsetagen, sie wirkten hilflos, weil sie das Warten verlernt haben, da sich ihnen doch alle Türen öffnen, wann immer sie die Ehre der Anwesenheit verschenken – wie heute bei diesem großen Geburtstagsfest.

Mit einem kleinen Päckchen der eine, ohne Geschenk der andere, so traten sie von einem Fuß auf den anderen, nur ruckweise ging es voran, denn mancher nutzte beim Defilee die Gelegenheit, dem Geburtstagskind ein paar mehr Sätze zu sagen als nur »alles Gute«. Und er, der Gefeierte, genoss diese Zeichen der Sympathie, der Freundschaft. – Und irgendwo in einer Ecke des großen Raumes saß, fast versteckt und sehr bescheiden, seine Frau, mit der er seit Jahrzehnten verheiratet ist.

Nun wurden, in mehreren Reden, die Verdienste von ihm wie Perlen auf eine Schnur gereiht, da war ein Leuchten und Glitzern, und erst der letzte Festredner – einer von fünf Rednern immerhin! – sagte endlich, dass die Karriere des Jubilars undenkbar sei ohne die Frau an seiner Seite, »die so viel Zeit opfern musste, damit ihr Mann seine großen Aufgaben bewältigen konnte«, und deshalb gebühre auch ihr ein Wort des Dankes.

In diesem Augenblick schaute ich in ihr Gesicht, und ein Lächeln war zu erkennen, ein kleines, bescheidenes Lächeln, mehr nicht, sie trat auch jetzt nicht aus dem Schatten heraus.

Als dann an dieser Stelle der Laudatio der Beifall losprasselte, als der Festredner spürte, dass er ins Schwarze getroffen hatte, da fügte er noch einen zweiten Satz an: »Wir Männer vergessen leider viel zu oft, dass es zumeist unsere Frauen sind, die den Preis für unsere Karrieren bezahlen müssen.«

Und siehe da: Nun gab es noch einmal Beifall, weil all die Vielbeschäftigten insgeheim plötzlich spürten, wie recht der Redner hatte, und weil sie für Sekunden an ihr eigenen Leben dachten und daran, was sie selbst in der Hektik des Alltags ihren Frauen alles schuldig geblieben sind.

Nach den Reden, den Geschenken, den Dankesworten ihres Mannes für die Dankesworte, die ihn so anrührten, löste er sich aus dem Pulk der Gratulanten, suchte seine Frau, fand sie – und ich sah eine Umarmung – genauer: die Andeutung einer Umarmung inmitten der vielen neugierigen Blicke, denn wer gibt – als Manager! – seine Gefühle schon gerne preis!

Und doch war zwischen den beiden für Augenblicke eine schwebende, wunderbare Zärtlichkeit, und sein Blick verriet etwas von der Demut, die sich seiner bemächtigte, im Angesicht seiner Frau, »ohne die er nicht wäre, was er geworden ist«, wie soeben ja gerade öffentlich erklärt worden war.

Spätestens in diesem Augenblick wusste er: Für einen

solchen Satz bei einem solchen Jubiläum müssen die Frauen ein langes Leben ganz schön zurückstecken. Aber natürlich sprach keiner der beiden darüber ein Wort. Erst als ich später fragte, wie sie sich fühle, kam ein Seufzer: »Ach, wissen Sie, das Leben verfliegt so schnell.« Und da wusste ich: Nun hatte sie doch noch unversehens einen Blick in ihre Seele erlaubt.

Die Bilderbuch-Ehe – gibt es sie noch?

»Waren sie nicht schrecklich, all diese vielen Scheidungs-
geschichten, die wir heute Abend hören mussten?«,
fragte die Frau ihren Mann, nachdem die Besucher gegangen waren. Sie selbst sind seit fast drei Jahrzehnten
voller Harmonie verheiratet, eine Bilderbuch-Ehe – aber
ist ihre Ehe auch noch eine Ehe von dieser Welt?

»Es kracht ja an allen Ecken und Kanten«, redete die
Frau weiter, »irgendwie kommt man sich ganz schön altmodisch vor, wie ein Auslaufmodell, machen wir vielleicht nicht möglicherweise etwas falsch, leben wir
vielleicht nicht sogar am wahren Leben vorbei?«

Jetzt sprang ihr Mann vom Sessel hoch: »Ich habe eine
Wahnsinns-Idee: Wir werden unseren Freunden überall
erzählen, dass wir uns scheiden lassen – ich bin gespannt,
was wir dann zu hören bekommen.«

Auch die Frau fand die Idee fabelhaft. Schon morgen
würden sie »nur mal aus Spaß« den Test in Szene setzen.
Was aber dann geschah, war einfach unglaublich. Da
hörte die Frau Glückwünsche, dass sie sich endlich
»emanzipiert« habe. »Es wurde höchste Zeit«, rief eine
ihrer Freundinnen, die auch ihr sofortiges Erscheinen
ankündigte, um seelischen Beistand zu leisten, »damit
du auf keinen Fall rückfällig wirst.«

Eine andere meinte, »ich habe mich schon immer

gewundert, wie lange du es mit diesem Kerl überhaupt ausgehalten hast, habe aber dir zuliebe nie etwas gesagt«. Auch ihr Mann ging durch ein Fegefeuer von Meinungen, die er in dieser Schärfe nicht für möglich gehalten hatte.

»Klar, alter Junge, dass du auf deine alten Tage noch mal was Jüngeres brauchst«, rief einer seiner besten Freunde laut lachend ins Telefon. »Ich habe deine Treue schon immer für etwas krankhaft gehalten«, meinte der Nächste. Und erstaunlich: Nur einmal kam spontaner Widerspruch: »Das muss ein Scherz sein.« Warum aber waren all die anderen auf das »Spiel« hereingefallen und haben sofort ihre bissigen Kommentare wie Kettenhunde losgelassen?

Weil Streit interessanter ist als Harmonie! Weil ein weiteres Scheidungsopfer ein Alibi für sie selbst sein könnte! Und weil sie alle immer wieder die eine große Unbekannte in ihrer Alltagsrechnung vergessen, die da Liebe heißt, von der einst ein Dante glaubte, sie allein bewege die Sonne und alle anderen Gestirne – aber das ist ja siebenhundert Jahre her.

Am Grab der Mutter

Was denke ich, da ich an das Grab meiner Mutter trete, ein kleiner Friedhof, nur wenige Kreuze, wahrlich ein Gottesacker – ja, was denke ich in diesem Augenblick?

Es sind so banale Gedanken, dass ich mich für mich selbst schäme. Wann warst du eigentlich zuletzt hier? Vor sechs Wochen, vor drei Monaten, ich grüble nach, eigentlich ist es ja auch gleichgültig – oder etwa doch nicht? Gibt es so etwas wie ein Trauerprotokoll?

Meine Mutter ging in ihren letzten Lebensjahren zunehmend häufiger zu diesem Platz, den sie sich zur letzten Ruhe selbst ausgesucht hatte. Was mag sich in ihren Gedanken abgespielt haben, als sie da stand, so, wie ich nun hier stehe?

Wir haben darüber nie gesprochen. Sie nicht. Ich nicht. Mutter hatte damals schon Schmerzen. Ich weiß nur, dass die Krankheit schon in ihr steckte, die sie bekämpfte, ohne sie besiegen zu können. »Reden wir von etwas anderem«, sagte sie, als ich doch einmal behutsam versuchte, etwas über den Röntgen-Befund zu erfahren. Sie aber wollte mich schonen. »Du hast genug um die Ohren, mein Junge.«

Und dann redeten wir über so alltägliche Dinge, dass mich – in der Rückschau – die glatte, spiegelnde Oberfläche unserer Gespräche noch heute blendet – und traurig stimmt.

»Schön, dass Sie endlich mal wieder da sind«, sagte der Friedhofsgärtner, der wie aus dem Boden gewachsen neben mir steht, unüberhörbar der Unterton eines leisen Vorwurfs. Also sind doch schon wieder Monate vergangen. Im Tode wie im Leben: Immer kam Mutter zu kurz. Immer schob sich »Wichtigeres« dazwischen. Und immer tröstete ich mich mit dem Gefühl, dass sie schon Verständnis haben würde. Aber vielleicht stimmt das gar nicht? Denn jetzt überfiel mich wie ein jäher Schmerz die Erkenntnis, zu wenig für sie getan zu haben, zu selten für sie da gewesen zu sein.

Beim Blick auf ihr Geburts- und Sterbedatum fing ich an zu rechnen, wie viele Jahre, Monate, ja Tage sie genau gelebt hat, als ob das irgendwie noch von Belang sein könnte.

Da war sie wieder, diese Flucht in die Ablenkung, diesmal in der Form eines Zahlenspiels. Nun hoffe ich, Mutter wird mir verzeihen. Der Volksmund sagt ja, dass Mütter ihren Söhnen gerne verzeihen.

Habt Mitleid mit uns, kommt uns zart entgegen, unsere Bräune täuscht, wir haben noch den Wellenschlag des Meeres im Ohr, haben – gestern noch! – gefeiert, gelacht, getanzt, aber nun sind die Tage voller Leichtigkeit verflogen, wir sind wieder mitten unter euch: wir, die Ferienheimkehrer. Erbarmen, Erbarmen!

Denn dieser schnelle Szenenwechsel ist härter, als ihn unsere Eltern und Großeltern jemals hatten, die »nur« von der Sommerfrische heimkehrten. Gestern noch an der gleißenden Algarveküste, am Bikini-Strand von Tel Aviv, in der Meeresbrandung von Jütland, im Hexenkessel des süßen Lebens – und nun, schwupp, nur noch Castrop-Rauxel, Salzgitter, Buxtehude, das will verkraftet sein!

Denn wir modernen Menschen zahlen wirklich für alle und für jedes. Unsere Seele krankt an den Geschwindigkeiten des Jets. Wir sind zwar wieder zu Hause, aber unsere Träume schweben noch irgendwo weit in der Ferne herum.

Natürlich wissen wir aus schmerzlicher Erfahrung, wie schnell die Nerven wieder zu flattern beginnen, wie eilig wir den Olymp des Wohlgefühls verlassen, um uns mit den Strapazen des Alltags wieder anzufreunden – aber eines wird uns ganz besonders zu schaffen machen: die

Erkenntnis, was wir in einen einzigen Tag an Sonne, Zärtlichkeit, guten Gesprächen und Leichtigkeit hineinzugeben vermögen. Und wir wissen um die Wehmut, diese Fähigkeit nicht in das »normale Leben« hinüberretten zu können.

Und all die Gedanken: Man sollte ein winziges Häuschen auf den Klippen von Mallorca haben, den Zivilisationsballast abschütteln, um endlich in der Senkrechtsonne des Mittelmeeres aufzusteigen in ein neues, besseres, helleres, sinnvolleres Leben – diese Gedanken sind erlaubt – und verständlich.

Nur: Schauen Sie in die Gesichter der Ewig-Glücklichen, der Nackten und Schönen, der Nichtstuer, der Gelangweilten, schauen Sie genau hin, wie sie die Puppen immer aufs Neue tanzen lassen, um nur eines auf keinen Fall erleben zu müssen: zur Ruhe zu kommen und gar noch auf sich selbst zu treffen.

Die Erkenntnis eines Feriensommers aus dem Bilderbuch des Lebens: Der Mensch braucht den Wechsel in der Beständigkeit, nicht die Beständigkeit im Wechsel.

Achten wir auf die richtige Währung des Lebens. Eine Inflation der Illusionen hätte uns gerade noch gefehlt.

Man hat versprochen, bei der Abschiedsfeier dabei zu sein, das sei doch Ehrensache, da man doch so viele Jahre zusammengearbeitet habe. Und nun ist es soweit: Aus allen Zimmern rechts und links des Korridors kommen sie angelaufen, die Kollegen, die Mitarbeiter, die Freunde, die Intriganten, die Beinsteller, die Kumpels. Sie streifen sich die Jacke über, etwas feierlich soll es schließlich werden: Abschiedsfest für einen, der fünfundsechzig geworden ist. Pensionsalter, Schallgrenze, neuer Lebensabschnitt – was immer du willst.

Es sind schon viele vor dir dort, allerlei Gedränge, Händeschütteln – und dann trittst du ihm entgegen: Er lächelt, etwas maskenhaft – schwer zu durchschauen, was er denkt, da er morgen nicht mehr dazugehört.

Und du gäbest einiges darum, könntest du erfahren, wie ihm wirklich zumute ist, weil du doch weißt: Eines Tages wirst du dort stehen, und dann erst wirst du ganz genau wissen, was es heißt: nicht mehr arbeiten zu können, zu dürfen, zu müssen, zu sollen …

Irgendjemand muss jetzt in Worte fassen, was so unfassbar ist: ein Abschied, den man nicht ganz begreift. Er sieht jünger aus, man könnte sich doch vorstellen, dass er noch etwas abgibt von seiner Erfahrung – aber da ist schon die Rede des Chefs: Er habe immer seine Pflicht

erfüllt, er sei ein guter Kollege gewesen, nun würde er endlich Zeit für sich selber finden, alle guten Wünsche würden ihn begleiten. »Trinken wir auf sein Wohl.«
Der Orangensaft mit einem Spritzer Sekt ändert daran nichts. Wir stoßen alle miteinander an. »Schau mal wieder rein.« – »Lass von dir hören.« – »Zum Betriebsfest musst du aber kommen.« Was man so redet, wenn man nichts zu sagen hat.
Ein Geschenk gibt es auch, die Kollegen haben einen alten Stich seiner Geburtsstadt ausgesucht, die Stadt liegt fünfundsechzig Jahre zurück, das Leben ist wie verrückt gelaufen, die Zeit ging immer schneller dahin – diesen Tag hatte er so deutlich noch gestern nicht vor sich gesehen.
Nach vierzig Minuten: Langsam stiehlt sich einer nach dem anderen aus der Runde, man hat ja zu tun, so viele Termine warten noch. Er wird es verstehen, er war ja früher auch so oft dabei, wenn ein anderer dort stand, wo er nun steht: einsam inmitten der vielen.
Abschiedsfeiern im Betrieb haben so etwas Unerbittliches an sich.

Die wichtigste Verabredung

Wir Väter sind täglich verabredet – leider vergessen wir das so oft. Wir haben so viele andere Termine. Und da laufen wir hin und sind sogar pünktlich und reden und erledigen vieles und tun wichtig – bis wir nach Hause kommen und plötzlich spüren: Wir haben ja unsere wichtigste Verabredung gar nicht eingehalten! Unser Kind hat gewartet – auf den Vater gewartet, der den lieben langen Tag fort war.

Kinder sind wehrlos – kleine Kinder, große Kinder, alle. Vater hat immer etwas Wichtiges zu tun. Das kennen sie schon. Das ist für Kinder keine neue Melodie.

Wenn ich abends erst nach der »Tagesschau« nach Hause komme, ist mein Dreijähriger im Bett und schläft. Er kann mir nun nichts mehr mit aufgeregter Stimme erzählen, kann mir nicht sagen, ob er mich vermisste. Ich aber weiß schon in der Sekunde, da ich mich über ihn beuge und in sein Gesicht schaue: Sein Entgegenstürmen, sein »Arme-um-den-Kopf-Legen«, sein »Ganz-nahe-Kommen-zum-Einschlafkuss« – das alles fehlt mir plötzlich.

Und wenn ich meine große Tochter in der Stadt treffen will – »also um ein Uhr« – und ich lasse sie warten, weil sich ein Besucher geschäftlich dazwischengedrängt hat, dann habe ich gleich gegen drei Selbstverständlichkeiten verstoßen: gegen die Höflichkeit, auf die eine junge Dame Anspruch hat, auch wenn sie meine Tochter ist; gegen die Zuverlässigkeit und gegen die Rücksichtnahme. Das eigene Kind zu verletzen, zu demütigen, zurückzudrängen, nur weil es gerade ein Fremder so will – das Kind um die Zeit mit seinem Vater zu betrügen –, wer kann das eigentlich verantworten?

Beim Steuerberater, bei Konferenzen, bei Einladungen aller Art bin ich pünktlich, und das ist nicht immer leicht – warum mache ich es mir eigentlich bei meinen eigenen Kindern leicht?

Dabei haben die Kinder am Ende eines langen Tages so viel zu berichten und zu fragen! Aber Vater? Wenn Vater nicht da ist? Mutter ist da, sicher, aber Mutter ist nicht Vater. Man kann beide nicht tauschen.

Ich weiß nicht, was wir Männer bloß im Kopf haben, wenn wir glauben, ein »Husch ins Körbchen«-Kuss am Abend genügt – und aus. Ein Kind, ein kleines wie ein großes, will mehr, braucht mehr und hat ein Recht auf mehr.

Wir Väter müssen wissen: Die Hand, die sich in deine Hand hineinschmiegt, in einem zauberhaften verstohlenen abendlichen Augenblick – diese Hand wird größer. Und das Gesicht des Kindes verändert sich. Und seine Gedanken. Und seine Sprache. Von Tag zu Tag zerbricht etwas und wird etwas Neues. Dein Kind heute ist nicht mehr dein Kind morgen. Was du an ihm heute nicht gesehen, genossen, miterlebt hast – ist dahin.

Die Konferenzen, die Freundesrunde – gut und schön. Aber das Kind, das inzwischen auf dich wartet? Es hat

127

keinen Terminkalender. Und wenn es einen hätte, dann wären da ein paar Stunden mehr drin, auf denen »Vati« stehen würde – oder »Papi«.

Heute Abend werde ich früher heimgehen. Heute Abend bestimmt. Und wenn mich jemand fragt, werde ich nur sagen: Ich bin verabredet ...

HAMBURG – DER SCHÖNE RAUSCH
DER NÜCHTERNHEIT

Was bleibt, wenn man, nach drei Jahrzehnten in Hamburg, beschließt, südwärts zu ziehen, der Sonne entgegen, dem Schmuddelwetter entfliehend? Ich habe es erfahren und erlebt: Es bleibt eine grenzenlose Sehnsucht nach der Weite des Himmels über dieser stolzen schönen Stadt, mag er für meinen Geschmack auch zu oft mit Wolken verhangen sein.

Und es bleibt die Sehnsucht nach der Außen- und Binnenalster, dem Juwel, das dieser Stadt, neben Elbe und Hafen, den unverwechselbaren Reiz gibt.

Wenn man im Dunkeln ankäme und im Taxi stadteinwärts führe, man würde sofort durchs Fenster die Alsterluft atmen, die dir verrät: Du bist in der Stadtmitte angekommen.

Diese Alster ist eine Perle, die – und das ist das Schöne an ihr – um ihre Schönheit weiß, ohne arrogant zu wirken. Wenn dich Probleme zu erdrücken scheinen, gibt es ein gutes Rezept: Einmal um die Außenalster rennen, walken oder schlendern, an »Bobby Reich« vorbei, vor der weißen Fassade des Atlantik-Hotels ins Träumen geraten, an dem »Weißen Haus« vorbei, dem zuweilen stark bewachten US-amerikanischen Konsulat, und einmal darüber nachdenken, wie traurig es ist, dass wir die diplomatische Vertretung unseres befreundeten Amerikas so martialisch schützen müssen.

Nach wenigen Minuten Lauf schon ist dein Kopf wieder frei, die Gedanken fliegen wie die Möwen, die deine Blicke dorthin reißen, wo die Weite grenzenlos ist – hinauf in den mattblauen Himmel des Nordens.

Am schönsten ist es frühmorgens, wenn Hamburg sich aus dem Schlaf erhebt. Der Tau des frühen Tages, der Wind, der sanft die Weiden biegt, die unglaubliche Stille, die es in einer Millionenstadt so eigentlich nicht gibt, vereinen sich plötzlich zu einem Genuss, dass du stehen bleibst, tief durchatmest und spürst: Dies ist der schöne Rausch der Nüchternheit, den ich dem St.-Pauli-Rausch meiner frühen Jahre immer vorgezogen habe, auch wenn die Hamburger Nächte bekanntlich lang, unbeschwert und fröhlich sind.

Und eines war nach der morgendlichen Runde auch immer klar: Der Tag konnte an Problemen bringen, was er wollte, der Ärger im Büro noch so groß sein – ich hatte bereits mit der Weite, der Natur und der Schönheit ein Glück eingeatmet, das mir keiner mehr nehmen konnte.

Es ist eine den Menschen verändernde, positiv wirkende Kraft, die von diesem Kleinod ausgeht. Da es kaum einen Hamburger gibt, der seine Stadt nicht liebt, beobachten wir eine wunderbare Wechselbeziehung: Diese große liberale freiheitliche Stadt macht es – allen anders lautenden Behauptungen zum Trotz – den Menschen leicht, sich in ihr wohlzufühlen.

Es ist nicht nur ein gutes Gefühl, eine Stadt zu lieben

(soweit man eine Stadt überhaupt lieben kann). Es ist noch viel schöner, zu spüren, dass die Stadt dich annimmt, dass seine kosmopolitischen Bürger dich gerne umarmen.

Vielleicht wurde diese Alsterperle Hamburg zum Trost dafür geschenkt, dass ihr etwas von der südlichen Leichtigkeit des Seins fehlt, obwohl die vielen Cafés mit den Stühlen im Freien und die vielen Cabrios schon eine leichte Besserung in Richtung Dolcefarniente anzeigen.

»Hamburg ist so eigentümlich, dass man es mit zwei Strichen zeichnen kann«, schrieb nach einem Besuch am 28. Januar 1826 der Dichterfürst Goethe an den Hamburger Schriftsteller und Lehrer Oskar Wolff. Wenn Goethe recht hat, dann müsste einer von den beiden Strichen die Alster sein, schon um diesem Geschenk der Natur Gerechtigkeit widerfahren zu lassen. Und was wäre der andere Strich? Man darf raten. Vielleicht der weite Horizont zum weiten Himmel?

So ein Virus kann ganz heilsam sein

So ein Virus meldet sich nicht an, hält nichts von Manieren, ist plötzlich da, aus Hongkong oder von Wer-weiß-Woher. Du spürst ihn in den Gliedern, willst es erst nicht glauben, nimmst einen Schluck, denn Alkohol soll dem Virus den Weg verbauen. Aber er hat sich seinen Brückenkopf schon erobert – meistens im Kopf, denn dort geht's nun mit den Schmerzen los. Man führt noch ein paar Telefonate, ordnet seinen Schreibtisch, fühlt schon in dem Augenblick, da man geht, dass man vielleicht doch nicht in ein paar Stunden zurückkehren wird. Im Auto Schüttelfrost, zu Hause Fieber, Bett, den Arzt bitte ...

Aus der Bahn geworfen für ein paar Tage, denkt man über vieles nach. Über seine eigene Wichtigkeit, und dabei kommt man nur zugleich auf die eigene Unwichtigkeit – ein zuweilen besonders heilsamer Vorgang. Über die Fehler, die man gemacht hat. Vielleicht war der Virus schon im Körper heimlicher Hausgenosse, als man griesgrämig war, als man einen Kollegen unkollegial beschimpfte, als man den Morgengruß seiner Frau nicht erwiderte.

Keine Entschuldigung, das alles – aber immerhin: So ein kleines, unter dem Elektronenmikroskop nur 0,00002 Millimeter großes Nichts kann sehr viel sein. Man ist irgendwie angeschlagen, unausgeschlafen – und damit auch irgendwie ungerecht. Und sicher unbequem und undankbar.

Ist aber das Fieber im Abklingen, hat man, was man sonst nie zu haben glaubte: Zeit zum Nachdenken und Vordenken und Überdenken. Der Mensch wird durch so einen kleinen Virus vom normalen Wege seiner Jagd durch den Alltag abgelenkt, er erkennt, dass die Gewichte sich sehr wohl auf der Waage des Lebens verschieben lassen. Die Welt ist im Krankenzimmer leiser, man kann besser in sich hineinhorchen.

Natürlich gibt es auch laute Augenblicke, in denen man die Richtung erkennt, blitzartig, und da man neue wichtige Entschlüsse fasst, beispielsweise auf der Autobahn, wenn man an einem schweren Unfall vorbeigefahren ist. Ob draußen, ob drinnen: Die Augenblicke oder die Stunden, in denen wir den Kurs unseres Lebens korrigieren, sind die wichtigsten. Wenn auch der Körper plötzlich krank war – die Seele ist vielleicht wieder gesund geworden.

Nur ein kurzer Anruf

Der Anruf kam unvermutet. Ich erkannte die Stimme nicht sofort. Dann versuchte ich, etwas Belangloses zu sagen, und dann fiel mir endlich ein, wer da sprach.

Er habe sich nur mal melden wollen, er habe zufällig von mir gehört, und da hätte er gedacht, »man dürfe ja wohl einmal stören ...« Und dann: ein kleiner Scherz, ein »Weißt du noch?«, ein lang gezogenes »Ja, damals«, eine Pause schließlich. Sagten wir damals eigentlich Du, sagten wir Sie zueinander? Alles ist so weit fort. Verweht in der Hast der Jahre. Nur an sein Gesicht erinnere ich mich noch, blass und schemenhaft.

Wir lange ist alles her! Da gab es im Beruf ein Stück gemeinsamen Wegs, manchen Ärger, aber auch ein paar lustige Abende nach Dienstschluss. Wir hielten damals, nach dem Krieg, die Welt fest in unseren Händen. Die Sonne lag breit über unserem Leben. Er hatte als Erster von uns ein neues Auto, ich durfte um den Häuserblock fahren. Dann kam seine erste Auslandsreise, er schrieb aus Venedig, ich hatte die Karte noch wochenlang auf meinem Schreibtisch stehen.

Wie es mir so ergangen sei, wolle er wissen. Ja, er hätte Glück gehabt, sich rechtzeitig selbstständig gemacht, nur seine Ehe sei schlecht gelaufen, geschieden – die Kinder seien nun aus dem Haus ...

Ob er aus der Stadt anrufe, wollte ich wissen, dann könnte man sich doch schnell mal irgendwo treffen. Heute ginge zwar nicht mehr, zu viel Arbeit, aber morgen vielleicht …

Nein, er rufe von auswärts an, nur so, um mal zu hören, nichts weiter, also bis zum nächsten Mal, »ich melde mich dann auch vorher an« –, das hörte ich noch, und ich sagte, das würde mich freuen …

Knack – vorbei. Ich legte den Hörer auf die Gabel. Es gibt ihn also noch! Er hat irgendwo sein kleines Glück gemacht. Es ist alles nicht mehr so strahlend, man wird ja auch älter, aber immerhin …

Jetzt, Wochen nach diesem Anruf, erfuhr ich, dass er doch in der Stadt gewesen ist; dass es ihm schlecht ging; dass er dringend Hilfe brauchte; dass er mich deshalb angerufen hatte, aber dann muss ihn der Mut verlassen haben, weil heute jeder seines Weges geht. Was zählt da schon ein Stück Gemeinsamkeit? Die Zeiten haben sich geändert. Die Zeiten? Wirklich nur die Zeiten? Nicht auch die Menschen?

Der Besuch war längst überfällig, wir hatten der alten Dame versprochen, »schon sehr bald einmal wieder hereinzuschauen«, aber bei der Hektik unseres Alltags waren wir seit Monaten nicht dazugekommen.

Wir trösteten sie mit ein paar Telefonaten, mit Postkarten, wenn wir unterwegs waren, aber nun besuchten wir sie endlich. Wir saßen in dem viel zu kleinen Zimmer, in das sie nach dem Tod ihres Mannes hatte ziehen müssen, das große Haus ließ sich nicht halten – das Alter ist gnadenlos.

Sie erzählte uns aus ihrem Leben, Glückliches und Tragisches, wir selbst sagten nichts, wir kamen gar nicht dazu, so sehr hatte sich bei ihr der Wunsch, sich mitzuteilen, aufgestaut.

»Wenn ich euch etwas erzähle, was ihr schon kennt, dann unterbrecht mich bitte«, sagte sie an einer Stelle. Wir versprachen es – aber wir taten es nicht, wussten wir doch, dass die Gegenwart im Altenheim ihr nur noch wenige Erlebnisse schenkt.

Nach einem schönen Dichterwort ist ja die Erinnerung das einzige Paradies, aus dem wir nicht vertrieben werden können. Und diese feine alte Dame, sie durchwanderte ihr Paradies, sie suchte aus einer alten Pappschachtel Fotos längst vergangener Zeiten, um gleichsam zu dokumentieren, dass alles auch wirklich so gewesen ist.

Als wir schließlich gingen, hatten wir ein widerstrebendes Gefühl: Auf der einen Seite waren wir glücklich, der alten Dame bei ihrer Reise in die Vergangenheit gefolgt zu sein, weil wir sehen konnten, wie gut ihr das tat, wie dankbar sie war.

Auf der anderen Seite hatten wir nur gehört, was wir ohnehin schon kannten, der Fundus der Erfahrungen ist schließlich nicht beliebig vermehrbar.

Es war Novalis, der vor zweihundert Jahren einmal fragte, was eigentlich alt sei, und was jung sei. Und er gab die unerbittlich klingende Antwort: »Jung ist, wo die Zukunft vorwartet. Alt, wo die Vergangenheit die Übermacht hat.«

Für uns, die Kinder des »Hier-und-Heute-Lebensgefühls«, ist der Umgang mit den Erinnerungen, den eigenen, den fremden, schwierig geworden. Schließlich wurde uns in tausend »Lebenskunst«-Büchern die »Glücks-Formel« gepredigt: Nur das Heute zählt: Was gestern war, ist vergangen. Was morgen sein wird, weiß allein der liebe Gott.

Und so sehen wir das Leben gleichsam als eine Momentaufnahme, nicht wie einen Film, und »für Erinnerungen können wir uns sowieso nichts kaufen« – das Schmerzlichste, was uns heutzutage passieren kann.

»Lass uns aufpassen, dass wir nicht eines Tages auch anfangen, in der Vergangenheit herumzukramen, dann sind wir nämlich wirklich alt«, sagte meine Frau auf dem Heimweg.

Aber dann sagte sie auch noch: »Irgendwie ist es ja traurig, dass wir in einer Zeit leben, in der Erinnerungen so wenig wert sind.«

Ein paar Tage später kam ein Brief. Die alte Dame schrieb uns, die Stunde mit uns sei für sie die schönste des vergangenen Jahres gewesen. Wir fühlten uns plötzlich beschämt. Und wir fragten uns, ob wir nicht doch im Umgang mit der Vergangenheit Fehler machen. Und mit unserer Biografie.

Ich kann dich so gut verstehen, lieber Freund. Welch ein Kontrast! Gestern warst du noch in der azurblauen italienischen Badebucht, die Sonne steil am Himmel; das Meer schickte Wellen ans Ufer, es war für dich wie Musik, Mozart kann nicht schöner klingen. Und in der kleinen Trattoria stellte der Wirt Wassergläser für den Chianti-Wein auf den Tisch.

Mein Gott, da wurde dir gezeigt, was diese geschundene Erde doch noch für Verzauberungen bereithält. Es war nicht das Nobelhotel, es waren diese Augenblicke am Meer, an die du heute denkst – Ferienglück kann ganz einfach sein!

24 Stunden später: der Sturz ins Bodenlose! Deutscher Alltag, graues Einerlei, schon auf dem Flughafen das nervenzerfetzende Gedränge. Die Uhren deines Lebens laufen nun wieder schneller. Und abends knallt man dir in der »Tagesschau« die Sorgen der ganzen Welt vor die blank geputzten Augen, die gestern doch noch ganz anderes sahen.

Und du fragst dich: Ist Giovanni, der so herzhaft lachte, der eine unglaubliche Ruhe ausstrahlte, der nur ein winziges Lokal besitzt, ein paar Bretter, Bänke, Papierservietten, ein paar Flaschen Wein und Lampions für die Nacht –, ist dieser Mann nicht viel glücklicher – und klüger! – als du: Abteilungsleiter, umgeben von Akten, Intrigen und Problemen im Zwei-Fenster-Büro, Zimmer 317, Blick auf graue Wolken am müden deutschen Himmel?

Da will es der Zufall, dass dich ein Freund aus Israel besucht, der dir erzählt, wie herrlich er Deutschland findet: Ich kann hier den Regen mit den Händen greifen – »in Tel Aviv sind jetzt fast 40 Grad, nicht auszuhalten!« – Ja, hier stünden die existenziell bedrohenden Nachrichten nicht wie bei ihm zu Hause im Lokalteil der Zeitung, sondern auf der Seite fürs Ausland.

Und plötzlich denkst du, dass der Mann in der Trattoria wohl auch seine Sorgen hat, dass die Wassergläser für den Wein nicht nur Folklore sind.

Wir sehen eben alles anders, wenn wir woanders sind. Und wenn wir das erkennen, ist der leise Abschiedsschmerz vom Ferientraum leichter zu ertragen – und die Rückkehr in die Wirklichkeit auch.

Was ist denn in diesem Augenblick schon wirklich wichtig?

Vielleicht war es nur ein Zufall, vielleicht die Vorsaison, gleichviel: In jenem bayerischen Wirtshaus am Tegernsee, in dem ich mein Abendessen einnehmen wollte, sah ich ringsum nur ältere Leute. So kann man zwar keine Geschichte beginnen, aber so ist es nun einmal gewesen. Das einzige junge Paar verließ gerade den Raum, als ich kam – auch dieses sicher ein Zufall. So saß ich – selbst Anfang fünfzig – inmitten der Alten und hatte Zeit, in Ruhe zu beobachten.

Und ich sah: Die Gesichter der Menschen sind nicht wie Uhren, man kann in ihnen die Zeit nicht genau ablesen. Dass Falten alt machen, ist eine Erfindung. Der Mann mir gegenüber hat sicher alle Falten der Welt in sich vereinigt, Siege, Niederlagen erlebt, aber wie begeistert er seine Hände kreisen lässt, wenn er spricht – dagegen wirken manche dreißigjährige Glattgesichter müde, verbraucht, steinalt.

Alte Frauen sind demütig. Sie bestellen nach ihrem Mann, und doch ist alles ein Irrtum: In Wahrheit sind sie nur glücklich, wenn er glücklich ist, und er ist nur glücklich, wenn er zuerst bestellt, denn das ist immer so gewesen, zehn, zwanzig, dreißig Jahre lang, Fehler binden aneinander mehr als Freuden, und so sagt er: »Für mich den Jägerbraten – und für meine Frau …« Und die

Frau lächelt still: Was ist denn in diesem Augenblick auch schon wirklich wichtig?

Alte Leute können unglaublich lange schweigen. Da drüben: Ein Mann und eine Frau sitzen schon eine kleine Ewigkeit beieinander und sagen nichts. Ein lang gelebtes Leben erlaubt die Verständigung in Kürzeln. Siehe da, wie die alte Frau plötzlich ihre kleine Hand in seine große Hand hineinlegt, hineindreht, hineinmogelt – welches Wort trifft diese schnelle Zärtlichkeit genau?

Natürlich wissen alle hier im Saal um den sanften Abstieg, haben sie alle Höhen hinter sich, die Sonne fällt nur noch von der Seite in ihr Leben. Und doch war eine seltsam anrührende, fast fröhliche Stimmung in dem Raum. Vielleicht lag es daran, dass überhaupt nichts da war von dem »Schaut-mal-her-wie-fabelhaft-ich-bin-Getue«, das wir, so um die gefährlichen fünfzig, gerne so dreist, so ungemütlich um uns verbreiten.

Dafür gab es jene nachdenkliche Dankbarkeit, die heute so kostbar ist. Und dies alles bei Menschen, die nicht den endlosen Horizont vor sich sehen, sondern harte Grenzmarkierungen. Ich habe mit den Alten nicht gesprochen. Aber als ich ging, glaubte ich, doch einiges verstanden zu haben.

DAS VERGESSENE TASCHENTUCH

Irgendjemand, dessen Namen ich nicht verstanden hatte und dessen Stimme gleichwohl vertraut klang, sagte am Telefon, ich würde jetzt mit dem Altersheim verbunden werden. Dann gab es eine kurze Pause, und ich hatte plötzlich Angst. Die Bilder des Menschen, um den es hier nur gehen konnte – eine alte Dame der Verwandtschaft –, schossen an mir vorüber. Ich sah ihr Lächeln, ihre scheue Freundlichkeit, ihre Sanftmut, auch die Fröhlichkeit in früheren Jahren und das Lachen.

Und dann kam die Nachricht: Krankenhaus! Intensive Behandlung, die Ärzte wissen noch nicht mehr zu sagen. Die Adresse? Abteilung A, Zimmer ... Und ohne nachzudenken, gleichsam automatisch, wusste ich, dass sich hier ein Leben neigt.

Und während ich nun etwas sage, Betroffenheit durch Geschäftigkeit zu verdrängen suche, drehen sich meine Gedanken um die Frage, wie es ihr gehen mag, der alten Dame, ob ich sie noch sehen werde, wenn ich sofort losfahre, und dies vor allem: ob ich eigentlich »alles« getan habe?

Wann war ich zuletzt bei ihr gewesen? War es vor vier Wochen? Da war ich an der Stadt vorbeigekommen und hatte plötzlich den Wagen doch zur Stadteinfahrt gelenkt, ich sollte mal »überraschend« reinschauen, ich habe es getan, gut ist es gewesen, das wusste ich schon damals, als ich den langen Korridor des Altenheims entlangging und das Zimmer suchte.

Und dann wurde die alte Dame herausgebeten, man saß zusammen auf einer Bank, wo die Mitbewohner vorbeigingen und grüßten. Worüber wir sprachen? Über Belangloses. Das Wetter, die Verpflegung im Heim. Ob es im Kino ein paar Straßen weiter vielleicht einen Film geben würde, den sie sich anschauen könnte, es gibt heute so wenig Filme für alte Damen. Ob sie einen Wunsch habe? Ja, dass ich mal wieder so plötzlich vorbeischauen möge, das wäre so ein Wunsch. Mal mit anderen Menschen sprechen, nicht nur mit denen im Heim.

Ich hatte damals die alte Dame mit nach Hause genommen, sie hatte bei uns den Abend verbracht, als sie ging, sagte sie, das Schönste sei gewesen, einmal anderes Brot, anderen Käse, andere Wurst zu sehen als bei sich »zu Hause«. Dies Wort Zuhause war trostreich für mich, denn es schien mir zu sagen: Sie fühlte sich im Heim wohl.

Als ich sie wieder ablieferte, musste die Tür des Heimes vom Nachtdienst geöffnet werden. »So spät war ich schon lange nicht mehr aus, vielen Dank«, sagte sie und verschwand. Und sie lächelte wieder, wie eben nur alte Damen lächeln können, die uns mit unserem Umhergetriebensein so recht nicht mehr verstehen können.

Sie hatte, ich bemerkte es erst später, ihr Taschentuch in meinem Wagen vergessen – ich werde es ihr das nächste

Mal bringen, dachte ich mir, ich werde versuchen, dass die Pause bis dahin nicht wieder so lange sein wird.

Und während ich heimfuhr, hatte ich ein unglaublich gutes Gefühl, etwas getan zu haben, was man so selten tut: Ich hatte jemandem meine Zeit gegeben. Und: Die alte Dame hatte mich gelehrt, wie wichtig das ist. Kurz darauf kam ein neuer Anruf mit der Nachricht, die ich befürchtet hatte … Wer noch irgendwo hinfahren kann, zu einer alten Dame, der sollte es tun.

Minuten der Veränderung

Und dann eines Tages: der Weg zum Arzt. Die Untersuchung. Dann das lange Warten, eine Zeitlang im Zimmer nebenan, oder gar ein paar Tage, bis die Befunde aus dem Labor zurückgekommen sind. Und dann wieder der Schritt durch die Tür, der Händedruck, das Platznehmen, der Mann, der nun mehr von uns weiß als wir selber, wird zu uns sprechen – die Diagnose ist da, eine Nachricht, von allen Nachrichten, die es in diesen Tagen gab, ist sie die wichtigste: Denn hier geht es um das nächste Stück Leben.

Und auf eine seltsame Art ist alles plötzlich entrückt, was uns eben noch so dringlich erschien; mögen es nun die Konferenzen in Berlin oder Washington sein; der Disput mit dem Chef in Sachen Rationalisierung – dass die schlimmen Dinge auch immer so hässlich klingen müssen –; das Telefonat mit der Frau – alles ist nun weit fort, nur die eine Nachricht zählt noch, die der Arzt jetzt gleich verkündet, nach der Untersuchung.

Diese Zeit des Wartens – die müsste irgendwo versinken, die dürfte es gar nicht geben. Die eigene Existenz ist plötzlich in ein Halbdunkel geschoben. Die Gedanken kommen nun wild und unkontrolliert.

Wir spüren plötzlich die Kälte einer Einsamkeit, die mit keiner anderen Einsamkeit vergleichbar ist, während wir auf den Arzt warten: Die Freunde wissen nichts, die Familie kann nicht helfen, die Bilder unseres Lebens sind matt, die Hoffnung hat so viele Namen. Es ist ein Gefühl, als ob nun eine Faust nach uns greift, aus heiterem Himmel – und wir wünschen uns eigentlich nur noch ganz bescheiden: dass morgen so wie gestern sein möge, es würde schon genügen.

Während wir warten, blättern wir in der Zeitung, auf der zweiten Seite ist das Foto, das den US-Präsidenten, den mächtigsten Mann der westlichen Welt, an der Hand seiner Tochter zeigt. Kinder trösten Väter, die Ohnmacht kennt keinen Namen, der Schmerz keinen Rang.

Das Schicksal, von dem wir hören, ist weit und fern – und nah. In dieser Welt ist es nicht anders eingerichtet. Spätestens in der »Tagesschau« können wir exakt sehen, wie der Mann nun aussieht, der da um seine Frau bangt, jede Falte in seinem Gesicht. Und wir werden selber nachdenklich.

Es muss wohl diese Augenblicke in unserem Leben geben, in denen wir innehalten, fragend alles überdenken. Dieser Wettlauf nach den immer neuen Horizonten, die wir nie erreichen, weil sie sich doch immer wieder verschieben, ist ohnehin nicht zu gewinnen. Vielleicht werden uns deshalb diese Momente immer wieder zudiktiert – im Wartezimmer des Arztes, beim Anblick der bösen Schlagzeilen.

Und dann geht's wieder weiter, wieder ein Stückchen Leben ohne Punkt und Komma, aber etwas sanfter werden wir sein, etwas nachdenklicher, vielleicht etwas dankbarer. Das ist mehr als eine ganze Menge!

Die erste Begegnung
mit der Wunderwelt der Bücher

Bücher, Bücher! – was für eine wundervolle, geheimnisvolle, nie ganz entschlüsselte Welt. Ich liebe es, in diese Welt einzutauchen, für Stunden die reale Welt zu vergessen, die mich umgibt, umzingelt, bedrängt, bedrückt. Bücher können der Schlüssel sein, der mich in ein zweites Leben führt –, schon das Öffnen eines druckfrischen Buches ist voller Verheißung: Wenn du dich mit mir einlässt, sagt das Buch, dann gib acht: Vielleicht kann ich sogar dein Leben verändern.

Daran musste ich denken, als mich meine Frau mit der Frage überraschte: »Wenn du an deine Kindheit denkst – was war das erste Buch, das du gelesen hast, das dich beeindruckte, an das du dich auch heute nach Jahrzehnten noch erinnerst?« Es war einer jener Augenblicke, in denen uns im abendlichen Gespräch eine rückwärts gewandte Sehnsucht überfällt und wir gerne in der Schatztruhe unserer Erinnerungen die Perlen suchen – das erste Buch gehört dazu wie die erste Liebe, wie die erste Reise, der erste Kuss.

Ich musste keine Sekunde zögern – »Kai aus der Kiste«, schoss es aus mir heraus, »ja, Kai, der frech-fröhliche dreizehnjährige Zeitungsjunge im Berlin der Zwanzigerjahre, der Chef einer Bande von Straßenjungen, genannt die ›Schwarze Hand‹.« Er selbst ist die »große Klapper-

148

schlange« und immer voller brillanter Ideen. So lässt er sich, versteckt in einer Kiste, von seinen Kumpels in das noble Hotel »Imperator« tragen, weil er es anders nicht geschafft hätte, am Portier vorbei zu dem amerikanischen Schokoladen-König Mister Joe Allan vorzudringen, der gerade per Inserat einen Reklamekönig suchte. Kai bekam seine Chance – und in einem dramatischen Wettkampf um die besten Werbegags stellte er mit seiner Bande ganz Berlin auf den Kopf, übertrumpfte mit seinen Einfällen einen erwachsenen Konkurrenten – und gewinnt: Kai wird Reklame-König! Das ganze kleine Buch ist eine einzigartige Liebeserklärung an Berlin und die hellen Berliner Gören – wie gerne wäre ich damals, 1932, im fernen Rostock lebend – mit der »Schwarzen Hand« durch die Hinterhöfe und Boulevards der großen Metropole gefegt –, Jugendträume, der Fantasie waren keine Grenzen gesetzt und das Gefühl bei der Lektüre wurde übermächtig: Wie herrlich aufregend kann das Leben sein!

Als ich mir jetzt über Ebay den 1926 erschienenen Klassiker bestellte und ein Wiederlesen mit Kai, Detektiv Fliegenpfiff, Kommissar Krumblick und dem »Schleichenden Plattfuß« von der »Schwarzen Hand« feierte, spürte ich: Der Zauber ist auch nach achtzig Jahren ungebrochen, wer möchte nicht, in einer Kiste versteckt, einmal dorthin gelangen, wo es Glück, Geld, den Glanz des Lebens in der Fülle gibt!

Seit »Kai aus der Kiste« bin ich den Büchern verfallen, unvergessen »Das rote U«, Nils Holgerssons schönste Abenteuer mit den Wildgänsen, »Der Schatz im Silbersee« von Karl May, dann später – nun schon in amerikanischer Kriegsgefangenschaft – 1945/46 die erste Begegnung mit Ernest Hemingway, später mit dem »Kleinen Prinzen« meines Lieblingsschriftstellers Antoine de Saint-Exupéry. Unmöglich, alle die Bücher aufzuzählen, die mich buchstäblich »ergriffen« haben, die genau den Wunsch erfüllten, den der Poet Theodor Storm in seinen letzten Lebensjahren als Widmung in eines seiner Bücher für einen jüngeren Freund schrieb: »Du gehst im Morgen – ich im Abendlicht; lass mich dies Buch in deine Hände legen, und konnt' es je dein Herz bewegen, vergiss es nicht.«

Auch heute ist die Gefahr gering, dass man eine wirklich herzbewegende, die Fantasie beflügelnde Lektüre schnell vergisst. Ja, man könnte fast ein Fragespiel beginnen: Sage mir, welche Bücher dich berührt haben, und ich sage dir, wer du bist. Und was bedeutet das für mich, für den »Kai aus der Kiste« die erste Begegnung mit der Wunderwelt der Bücher war? »Irgendwie bist du ganz schön sentimental geblieben«, sagte meine Frau lakonisch, als ich ihr das Buch zu lesen gab. Darüber muss ich jetzt mal länger nachdenken. Nur eines ist sicher: Meine Berlin-Liebe begann mit Kai.

DAS GEWISSEN LÄSST SICH NICHT BESTECHEN

Das Ereignis liegt über ein Jahrzehnt zurück. Ich müsste es längst aus meinem Gedächtnis gestrichen haben. Es war ein Sekunden-Vorfall. Ich kam todmüde, abgekämpft aus dem Moloch Kairo zurück nach Port Said. Eine zweistündige Fahrt durch die Nacht. Rechts die Lichter der Schiffe auf dem Suezkanal. Über mir die hellsten Sterne meines Lebens, die ich erst sah, als ich den Bus verließ, um zurückzukehren auf das Schiff, das mich im Hafen erwartete, das »Traumschiff« des Deutschen Fernsehens, die »M. S. Deutschland«, auch dieser Name spielt eine Rolle.

Denn was mich an der Gangway, nachts um zwei Uhr, erwartete, waren Männer und Frauen, die uns selbst gebastelte Handtaschen, Geldbörsen, im Grunde Krimskrams, mit ihren Armen entgegenstreckten – während ihre Beine bis zum Knie im Wasser standen.

Ein Mann, offensichtlich der Vater eines der Kinder, die uns ebenfalls mit tellergroßen schwarzen Augen flehentlich anstarrten, hielt mir einen Teddy hin, ich möge ihn kaufen, ich war der Letzte von etwa hundert Heimkehrern der luxuriösen Stadt- und Pyramidenbesichtigung.

Es war ein herzzerreißender Anblick: Dieser arme Mann, nachts auf die deutschen Kreuzfahrer wartend, die als großzügige Touristen galten, und ich huschte an ihm vorbei. Den Blick des Mannes werde ich nie vergessen – diese Enttäuschung, diese Bitterkeit, das ganze Elend der Welt schaute mich an. Und die Handbewegung, mit der er den Teddy in seinen Korb fallen ließ, konnte nur eines bedeuten: wieder nichts, wieder nichts, wieder nichts. »Ich hier im Überlebenskampf, der mich auch nachts an die Luxusschiffe treibt, und dort der Tourist, dem es ein Leichtes gewesen wäre, sein Portemonnaie zu öffnen … und sein Herz.«

Ich habe es nicht getan. Ich weiß nicht, warum. War es nur Erschöpfung nach der Tagestour? Nichts entschuldigt letztlich mein kühles Vorbeihuschen an diesem Mann. Mein Gewissen sagte mir schon Stunden später, als das Schiff Richtung Heimat aufbrach: Du hast versagt! Du hättest ein paar Dollars geben müssen, du hättest es auch mühelos gekonnt.

Ich erzähle diese kleine Geschichte, weil ich sagen will: Das Gewissen lässt sich nicht bestechen. Nicht mit schlechten Argumenten beruhigen. Es meldet sich, es beißt dich. Wir kennen das auch aus unserer Sprache: Wir haben »Gewissensbisse«.

Und nun schlage ich einen weiten Bogen zu einer Frage, die mich schon lange beschäftigt: Wie steht es eigentlich mit dem Gewissen unserer Politiker? Ich denke beispielsweise an die Unverschämtheit, mit der ein Spitzenpolitiker seinen Wählern hinterherruft, sie seien selber schuld, wenn sie seinen Wahlversprechen Glauben schenken. Oder ich frage mich, wenn ich von Schmiergeldaffären, Doping-Skandalen, Bestechungen, Korruptionen höre und lese, ob nicht viel zu viele Politiker ihr Gewissen an der Garderobe vor dem Einlasstor zum geheimnisvollen Land der Politik abgegeben haben. Denn wie ist es sonst zu erklären, dass jetzt in einer weltweiten Gallup-Umfrage 76 Prozent aller Deutschen ihre Politiker für unehrlich halten, ihnen kein Wort glauben, sie mögen in Talkshows reden-reden-reden. Nur in Albanien und Costa Rica sind die Werte schlechter, auch das noch!

»Das Gewissen ist eine Uhr, die immer richtig geht, nur wir gehen manchmal falsch« – ein wunderbares Bild von Erich Kästner. »Ein bös' Gewissen ist ein Hund, der allzeit bellt«, so der Mönch und Kanzelredner Abraham a Santa Clara schon vor dreihundert Jahren. Aber bellen die Hunde heute noch? Kann man Menschen, die andere Menschen hinters Licht führen, überhaupt noch »ins Gewissen reden«, oder ist das vergebliche Liebesmüh, weil das Gewissen abgeschaltet wurde wie ein Lichtschalter?

Der Irrtum mit dem Ruhestand

Lieber Freund, ich kann ja verstehen, dass Sie sich nach dem Ruhestand sehnen. Sie sind Mitte fünfzig, Sie sind noch »voll im Geschirr«, Sie haben immer häufiger das Gefühl, die Zeit mit all ihrer Hektik würde Sie auffressen, ja, geradezu verschlingen.

Und dann sitzen Sie plötzlich im Ferienflieger, neben sich eine Horde von Ruheständlern, die sich fröhlich noch einen Gin Tonic genehmigen, während Sie beim Mineralwasser mit Ihren Gedanken schon wieder in der Firma sind. Einer saß neben Ihnen, der zwei unglaublich lange Monate im Süden war, den Seesand von Alicante noch in den Schuhen, während Sie sich gerade mal zehn Tage aus dem Terminkalender »herausschneiden« konnten –, ist es da verwunderlich, dass der Ruhestand wie eine große wunderbare Verheißung am Himmel Ihrer Wünsche auftaucht?

Und doch, lieber Freund, muss ich Ihnen aus Erfahrung verraten: Es gibt keinen Ruhestand. Ruhestand ist ein falsches Etikett. Wo Ruhe draufsteht, ist Unruhe drin. Ich meine nicht die Unruhe, die Ihr Nachbar – der mit dem Seesand in den Schuhen – vortäuscht, wenn er mal eben nach Old Germany düst, um bei seinem Doktor vorbeizuschauen, »ob die Pumpe noch mitmacht«. Ich meine eine andere Unruhe. Und diese Unruhe ist in der Seele beheimatet.

Wer den Ruhestand erreicht hat, für den beginnt – spätestens – immer auch ein Kampf, der tragischerweise nie mit einem Sieg enden kann. Und wenn der Verstand es auch leugnet, die Seele weiß es: Es ist der einsame Kampf gegen das Altwerden, das Alter. Ein schwerer Kampf. Ein lautloser Kampf. Kein Klagen hilft – und niemand um dich herum will davon hören.

Fragt man Ruheständler, wie es ihnen geht, hört man einen vielstimmigen Chor. Da ist der Ehrliche, der bedauert, dass er nicht mehr Bäume ausreißen kann. Der Enthusiast, der kühn behauptet: »Jeder Tag ist jetzt für mich wie Urlaub.« Der Skeptiker, der fragt: »Wofür lebe ich eigentlich noch?« Der Weise, der in seiner Jugend dachte, mit ihm fange die Welt erst an: »Jetzt muss ich mich davor hüten, zu glauben, dass die Welt mit mir aufhört.« Der Optimist, der prahlt, »die besten Jahre beginnen, wenn die guten vorüber sind«.

Ja, er ist vielstimmig, dieser Chor der Altersmelodie. Und doch: Der Grundcharakterzug des höheren Alters ist schmerzhafte Nachdenklichkeit.

Ich möchte, lieber Freund, das Bild des Älterwerdens nicht in zu düsteren Farben malen –, ich möchte Ihnen etwas anderes wünschen: Dass Sie sich freimachen von dem Irrglauben, im zukünftigen Ruhestand das Paradies zu finden.

Dass Sie gar denken, der lautfröhliche Nachbar im Ferienflieger aus Alicante habe es besser als Sie. Jedes

Leben hat eine Jahreszeit – Ihre ist der milde Spätsommer, die seine ist schon der Herbst.

Mit anderen Worten: Mit der heiteren Gelassenheit, die man dem Alter zuschreibt, ist es nicht weit her. Sie ist Fassade. Dahinter tobt der Kampf, am Leben noch teilzuhaben, das ruhelose Leben vieler Ruheständler ist wie eine Narkose. Sie wollen die Schmerzen verdecken, die mit der Weigerung zusammenhängen, einer Tatsache ins Auge zu sehen: dass das Leben nicht mehr alle Chancen bereithält.

Aber die Gedanken sind frei, und das ist trostreich, wie die folgende Anekdote zeigt: Der achtzigjährige große Max Liebermann spazierte mit seinem Freund Fürstenberg durch den Berliner Tiergarten, als ein bildhübsches Mädchen vorbeikam. Die beiden Männer drehten sich bewundernd-sehnsüchtig um – und der alte Liebermann seufzte: »Siebzig müsste man noch mal sein, mein lieber Fürstenberg!«

Das wichtigste Geschenk: Aufmerksamkeit

Der Brief kam vor einigen Wochen. Ein Geburtstagsbrief. Einer unter vielen. Ich hatte die Geburtstagspost gesammelt und nun noch einmal hervorgeholt. Und siehe da: Jetzt las sich die Post ganz anders als an dem Festtag, da man im Trubel der persönlichen und telefonischen Glückwünsche die Briefe und Karten leider viel zu schnell zur Kenntnis nahm, nicht achtend auf all das, was zwischen den Zeilen mitschwingt.

Der Brief kam von einem jungen Freund, und er schrieb einen höchst erstaunlichen Satz. Er wünschte mir, »dass ich im neuen Lebensjahr immer die Aufmerksamkeit von den Menschen finden möge, die mir wichtig sind«. Das war ein Gedanke, den ich bisher in keinem Glückwunschschreiben je gefunden habe.

Und wenn ich nun länger darüber nachdenke – der Mann hat recht! Denn Aufmerksamkeit ist wie der Sauerstoff, den wir einatmen – bekommen wir ihn nicht, gehen wir zugrunde. Aufmerksamkeit auf sich zu ziehen, versuchen wir das nicht alle täglich, stündlich, minütlich? Durch die Kleidung, durch Einladungen, durch Briefe und Telefonate – durch all die Signale, die wir aussenden und auch ganz gezielt an einzelne Menschen adressieren: Dich mag ich, genau dich, mit dir möchte ich in Kontakt bleiben, der Faden möge niemals reißen, der uns verbindet.

Ja, es gibt Situationen und Augenblicke, da wir nach Aufmerksamkeit geradezu dürsten – wenn wir den Tod eines lieben Menschen beklagen, wenn uns gekündigt wurde, wenn die Freundin abgesprungen ist, wenn wir an dem Sinn unseres irdischen Daseins zweifeln – wenn uns plötzlich das Gefühl übermannt, dass die Weisheit wohl doch stimmen könnte, die da lautet: Fährt der Zug einem falschen Ziel entgegen, ist jede Station auf unserer Lebensreise falsch.

Und hat man sich in einer solchen schicksalsschweren Situation an einen Menschen gewandt, von dem man zumindest insgeheim hoffte, er sei einem freundschaftlich verbunden – und man bleibt ohne Antwort, dann ist das wie ein Faustschlag ins Gesicht.

Aber auch die leisen Töne hoffen auf ein Echo. Sie haben beispielsweise einem Menschen einen Brief geschrieben, weil er in Ihrem Leben – oder auch nur in der Welt Ihrer Gedanken – eine wichtige Rolle spielt. Und dann geschieht das Bestürzende: Ihr Brief bleibt unbeantwortet. Sie schauen Tag für Tag in den Briefkasten, aber Sie finden zumeist nur Rechnungen und Reklame. Sie trösten sich: Es wird schon noch eine Rückmeldung geben. Aber wehe, die Rückmeldung bleibt aus!

Das Gleiche gilt fürs Telefon. Ihr Anruf landet auf einem Anrufbeantworter. Sie sprechen Ihren Text – erbitten einen Rückruf. Aber der Rückruf kommt nicht. Sie fragen sich, ob Sie etwas falsch gemacht haben? Ach, wenn man doch bloß nicht so zartbesaitet wäre, dass man die fehlende Aufmerksamkeit wie einen Stich ins Herz empfindet.

»Das größte Übel, das wir unseren Mitmenschen antun können, ist nicht, sie zu hassen, sondern ihnen gegenüber gleichgültig zu sein; das ist absolute Unmenschlichkeit« – ein Gedanke des irischen Dramatikers und Nobelpreisträgers George Bernard Shaw, der in seinen Dramen die gesellschaftliche Heuchelei anprangerte.

Natürlich habe ich meinem jungen Freund gedankt, weil er mich mit seinem feinsinnigen Geburtstagswunsch an den Wert der Aufmerksamkeit erinnerte – nicht selbstverständlich, gerade heute. Denn wir sind alle Kinder einer gigantischen Kommunikationsgesellschaft, denen man etwas verspricht, was es eigentlich gar nicht geben kann: Immer mit der ganzen Welt verbunden zu sein, per E-Mail blitzschnell mit jedem Menschen in Kontakt, der auf »communication« so versessen ist wie wir selbst, Chatten rund um den Globus – ein Fremder in Kalkutta kann per Internet mein »Internet-Freund« werden, ich kann mit ein paar Klicks einen Liebespartner suchen und vielleicht sogar finden –, was für ein herrliches Zeitalter, mein Freund, was willst du eigentlich mehr?

Und doch, und doch: Täuschen wir uns nicht! Diese Fülle ersetzt nicht den einen Brief, auf den wir warten. Und dieser Brief muss unaufgefordert kommen. Denn Zuwendung kann man nicht herbeikommandieren. Darum ist Aufmerksamkeit kostbar wie nur weniges in unserem Leben.

Ein Freund aus Jugendtagen

Die Bahnfahrt habe ich hinter mir, nun noch das Taxi, gleich werde ich bei meinem Freund sein, meinem ältesten Freund, mit dem ich schon im vorletzten Kriegsjahr 1944 in Berlin im Luftschutzkeller hockte und ums eigene Leben bangte. Gleich werde ich ihm gratulieren – achtzig Jahre ist er gestern geworden, eine kleine Feier in der engsten Familie gab es schon. »Eigentlich ist kaum noch jemand da von früher«, sagte er mir am Telefon.

Jetzt geht die Tür auf, und er steht vor mir: »Ein bisschen geschafft von gestern bin ich schon, Familie ist immer anstrengend, aber komm rein.« Dann ließ er sich in den Sessel fallen. Ich musste an einen Chefarzt in Baden-Baden denken, den ich vor Jahren einmal fragte: »Was ist die wichtigste Erkenntnis Ihres Lebens als Arzt nach vier Jahrzehnten Praxis, wenn Sie an Ihre Patienten denken?« – »Ab achtzig wird es schwierig«, so lautete seine Antwort, nur fünf Worte, aber das Fazit eines langen Arztlebens, man muss es nicht kommentieren.

Auch mein bester Freund, in meiner Erinnerung immer vital, munter, lebensneugierig, war jetzt erkennbar und unweigerlich im Land des Alters angekommen – körperlich fühle er sich hin und wieder schon ein bisschen schwach, »die Treppe macht mir Probleme«, auch ein

Nickerchen am Mittag, das er bis vor einem halben Jahr strikt abgelehnt habe, sei bei ihm jetzt Standard: »Ja, mein erster Gedanke beim Aufstehen morgens ist immer: Wie freue ich mich auf meinen Mittagsschlaf.«

Dann könne er mir ja mal verraten, ob es überhaupt Tröstliches zu berichten gibt, wenn man diese Schwelle der achtzig überschritten hat, vor der sich so viele Menschen fürchten. Und natürlich spürte mein Freund auch meine eigene Angst vor diesem Älterwerden, und so sagte er erst einmal, vermutlich, um mich nicht zu ängstigen: »Achtzig? Achtzig hat etwas Königliches. Du hast es geschafft. Du hast viele Stürme überlebt, viele Klippen umschifft, viele Krisen gemeistert. Du siehst noch die Sonne, die Wolken, die Rosen, die Kinder, du siehst alles noch. Vor allem: Du bist noch am Leben. Das ist nicht selbstverständlich, das macht man sich leider im Alltagstrubel überhaupt nicht so richtig klar.«

»Und nun die Nachteile, bitte!« Mein Freund zögerte. »Soll ich wirklich alles sagen?« – »Nein, nur das Wichtigste, das, was ich nicht falsch machen darf, was ich vermeiden muss, ich möchte ja von dir lernen.«

»Das Wichtigste nach meiner Erfahrung ist, dass du in diesem stolzen Alter, vielleicht, ohne es selbst zu merken, in eine Einsamkeit hineinrutschst, die du auf keinen Fall willst, die dir auch wehtut. Aber du denkst, ich möchte niemandem auf den Wecker fallen, ich will mich niemals irgendwo aufdrängen. Du fragst dich, wer will heute in Zeiten des Jugendwahns von dir noch etwas wissen? Du hast schon den Telefonhörer in der Hand, willst einen jüngeren Freund aus alten Tagen anrufen, aber dann lässt du es sein. Du denkst, ich will nicht stören, der Freund hat zu tun, er fährt beruflich immer noch volle Pulle. Und Ratschläge wollen die jungen Leute auch immer seltener hören. Für mich auch kein Wunder: Wenn ich sehe, wie dramatisch die Arbeitswelt sich verändert – wie soll man da noch mit den alten Rezepten punkten können?«

»Handelt es sich da um Vermutungen, oder hast du Erfahrungen gemacht, die diese pessimistische Einschätzung bestätigen?«

»Das hat mit Pessimismus nichts zu tun, das ist die Realität, mein Freund«, sagte nun mein Freund und lachte. Es war ein etwas müdes Lachen, ein Lachen, das traurig klingt. Er hätte beispielsweise zu Weihnachten, wie alle Jahre wieder, Grußkarten verschickt – keine vorgestanzten Texte, nein, er hätte für jeden ein persönliches Wort gefunden. Und dann hätte er Mitte Januar nachgesehen, von wem er einen Weihnachtsgruß erhalten habe und wer ihm geantwortet hätte, und siehe da: »Acht Freunde oder Bekannte haben mir gar nicht auf meinen Gruß geantwortet. Das haut dich um. Das ist, als ob die Leitung nach draußen gekappt ist. Und das ist natürlich eine Erfahrung, die dich vorsichtig macht: Halt dich in Zukunft zurück, erkenne, dass du nicht mehr im Spiel bist, eine bittere Medizin, aber du musst sie schlucken. Sonst verzweifelst du.«

Stunden später, ich sitze in der Bahn, es geht heimwärts. Ich lasse das Gespräch mit meinem ältesten Freund noch einmal Revue passieren, denke an den Chefarzt mit seinem Statement »Ab achtzig wird es schwierig« – und beschließe, niemandem mehr auf den Wecker zu fallen, wenn ich dieses Datum erreicht habe, aber auch immer offen zu bleiben für alle Signale der Zuneigung und Freundschaft, die mich noch erreichen. Eine Gratwanderung – mit Absturzgefahr: Aber was hat man nicht alles schon erlebt und gemeistert, es müsste doch mit dem Teufel zugehen, wenn man sich jetzt aus der Kurve schleudern lässt.

Da ist wieder diese Liste. Diese Liste mit den Namen. Diese Liste ist in den letzten Jahren immer kürzer geworden. Den einen oder anderen Namen musste man streichen. Ein paar neue Namen sind hinzugekommen, aber die Namen, die man gestrichen hat, sind die Namen der Freunde aus weit zurückliegenden Tagen. Gute, alte Freunde, die nicht mehr da sind. Sie wachsen nicht nach. Weihnachten spürt man das, wenn man die Namensliste aufschreibt, damit man bei der Weihnachtspost keinen vergisst.

Denn es wäre ein schwerer Fehler, gerade zu diesem schönsten aller Feste, diesem Fest der Innigkeit, jemanden zu vergessen, der einem herzlich verbunden ist.

Es sind nun nur noch acht Tage, dann ist der Heilige Abend da. Ich habe schon mal den Karton mit dem Christbaumschmuck aus dem Keller geholt. Da fand ich Post vom vergangenen Jahr. Was mir auffällt, ist dies: Auf fast all den Karten mit den Festtagswünschen steht: »Hoffentlich sehen wir uns 2008 recht oft.« Und nun zähle ich nach: Von den zehn Freunden, die diesen Wiedersehenswunsch geäußert haben, schafften es nur drei, ihn auch zu verwirklichen.

Aber, bitte, keinen Vorwurf, keine Anklage. Mir geht es ja auch so. Auch ich erschrecke beim Blick auf die

Namensliste: Mensch, den hast du wieder nicht getroffen, ja, du bist sogar einmal in seiner Stadt gewesen, irgendein Kongress, aber irgendwie hat die Zeit nicht gereicht, und angerufen hast du auch nicht, dabei hast du doch hoch und heilig versprochen: Du wolltest dich unbedingt melden …

Was bedeutet diese Floskel: »Wir müssen uns unbedingt öfter sehen?« Sie bedeutet, dass da ein Wunsch ist, ja, eine tiefe Sehnsucht zuweilen, eine gespürte Freundschaft mit Leben zu erfüllen. Doch was nützen Versprechungen? Grau ist alle Theorie, was zählt, ist die Tat. Der Anruf. Der Besuch. Das Treffen. Die gemeinsam verlebten Stunden. Das Gespräch. Das Gespräch bis tief in die Nacht. Das Lachen an einer Strandbar. Wanderungen bergauf bis an die Schneegrenze. Irgendetwas Gemeinsames.

Gestern habe ich im Schreibwarenladen um die Ecke die Parade der Weihnachtskarten abgenommen, vorgestanzte Grüße in Gold und Silber mit Krippen- und Kirchenmotiven, mit Rauschgoldengeln und Weihnachtsmännern, auch Einheitswünsche auf gehämmertem Bütten. Ich kaufte die Klappkarten, weil sie Platz bieten, ein paar persönliche Worte hinzuzufügen zu all den vorgestanzten Festtagswünschen. Diese Mühe will ich mir schon machen.

Ich will das schon deshalb, weil bei mir die ersten Grüße eingetroffen sind, die nur aus einer meist auch noch hingeschmierten Unterschrift bestehen, in zwei Fällen sogar unleserlich – Gefühls-Konfektion, Massenware, wird so etwas jetzt in China hergestellt?

Aber ich will mich nicht aufregen. Wir leben im Internet- und E-Mail-Zeitalter. Heute kündigen Weltstars ihrer Lebenspartnerin per SMS ihre Liebe auf. Einfach so: Bitte, komme morgen nicht mehr zu mir, du bist nicht mehr eingeladen, es ist aus. Das geht heute ruck, zuck. Die »Leiden des jungen Werther« könnten heute nicht mehr geschrieben werden. Und Goethe stünde mit seiner Bemerkung »Ein Brief ist der schönste und unmittelbarste Lebenshauch eines Menschen« ziemlich einsam da. Wir kommunizieren zwar untereinander wie die Teufel, aber ob wir uns verstehen, ist eine andere Frage.

Sicher ist nur eines: Die Gelegenheiten, jemandem seine Zuneigung, seine unausgelebte Freundschaft, seine Liebe gar zu zeigen, sind heute erstaunlicherweise selten. Denn es gilt, cool zu sein, gefühlsmäßig auf dem Teppich zu bleiben. Da ist neben dem Geburtstag, den man leider öfter vergisst, der festgezurrte Termin »24. Dezember, Weihnachten« die allerbeste Gelegenheit, einmal aus der Deckung hervorzutreten und einem Menschen zu zeigen, dass man an ihn denkt.

Und dass es mit Sicherheit den einen oder anderen gibt, dem ein solch persönlicher Weihnachtsgruß mehr bedeutet als ein Geschenkkorb aus dem nächsten Delikatessengeschäft – wer wollte das bezweifeln? Genießen wir also diesen Endspurt. Auch wenn Sie sich vor einem Jahr geschworen haben, den ganzen Rummel nicht mehr mitzumachen – denken Sie daran, wir sind mitten in der »gnadenbringenden Weihnachtszeit«.

Wie ein Gespenst taucht alle Jahre, wenn Silvester naht, eine Erinnerung auf, die zu den schmerzhaftesten meiner Kindheit gehört: Ich hatte einen armen alten Mann bestohlen, der in seiner Bude am Bahnhof Berlin-Zehlendorf Schokolade und Süßigkeiten verkaufte. Während ich ihm keck »Ein gutes neues Jahr« zurief, sah ich, dass er in seiner Manteltasche herumnestelte. Blitzschnell ließ ich nun eine Tafel Schokolade mitgehen – und, weil es Silvestermorgen war, ein paar Knallerbsen obendrein.

Das Kunststück gelang mir nur deshalb, weil ich als angehender Zauberkünstler schon über eine beachtliche Fingerfertigkeit verfügte. Die Tricks hatte ich mir bei »Zauberkönig« in der Friedrichstraße besorgt. Eines Tages unter den funkelnden Sternen des Berliner »Wintergarten«-Varietés aufzutreten – das war mein Traum. Ich sah meinen Namen schon in großen Lettern auf allen Litfaßsäulen, ich konnte als Achtjähriger Spielkarten und Zigaretten aus der Luft greifen – warum sollte ich da nicht auch Schokolade in einer alten Bude wegzaubern können?

Es wäre auch alles gut gegangen, hätte zu Hause nicht ein Mensch eingegriffen, der vom Leben so eine ganz andere Vorstellung hatte als ich in meiner magischen

Fantasiewelt. »Wo hast du die Schokolade her?«, fragte meine Mutter, als ich an ihr vorbeihuschen wollte, sie mich aber mit dem Instinkt, den nur Mütter haben, am Schlafittchen packte. »Vom alten Mann an der Bude am Bahnhof.« – »Was hat sie gekostet? Ich denke, dein Taschengeld war zu Ende?« Ich schwieg. »Nun, sag schon.« »Ich hab die Sachen mitgehen lassen.« »Dann bringst du sie zurück.« »Nein, das tue ich nicht.« »Du bringst sie nicht nur zurück, du entschuldigst dich bei dem armen Mann auch noch!« »Das kommt nicht in die Tüte, das kann ich nicht.«

Das Tauziehen der Argumente endete dann doch damit, dass ich meinen Canossagang antrat, die gestohlene Schokolade zurückbrachte und den alten Mann um Verzeihung bat – ich wäre am liebsten im Erdboden verschwunden, so sehr hatte ich mich geschämt. Aber die Lektion war ein voller Erfolg. Ich wusste fortan, was Ehrlichkeit ist. »Ehrlich währt am längsten«, sagte meine Mutter immer, für einen angehenden Zauberkünstler klang diese Botschaft höchst seltsam, aber das Leben führte mich dann doch dauerhaft auf den Pfad der Tugend, den zu gehen ich nie bereut habe.

Umso mehr staune ich, wenn ich heute von einer »anschwellenden Kriminalität« lese, wenn ich von den hilflosen Versuchen höre, Verbrecher mithilfe von Psychologen oder gar einem »Erlebnisurlaub am Meer« in Unschuldsengel zu verwandeln – kurzum, wenn ich sehen muss, dass Millionen Mütter wohl mal versagt haben müssen, als ihr kleiner Liebling mit einer gestohlenen Bonbontüte oder gar einem geklauten Fahrrad nach Hause kam … und nichts geschah. Das müssen wir heute ausbaden, millionenfach, mithilfe einer überforderten Polizei und endlosen Warteschlangen vor den Gerichten.

All dieses Elend ist sichtbar, macht Schlagzeilen, füllt ganze Sendungen im Fernsehen. Es gibt daneben aber noch einen Bereich, der eher abgedunkelt ist, in dem wir ebenfalls einen Kursverfall der Werte sehen – es ist der Bereich der Politik. Ich denke an Politiker, die nach gewonnener Wahl ihre Wähler verhöhnen, indem sie den Bruch eines gegebenen Wortes damit verteidigen, so etwas gehöre nun einmal zum Geschäft. An Politiker, die Wasser predigen und selbst Wein trinken. An Politiker, die die moralischen Pflöcke, die ihr ganzes Politikgebäude tragen, im Morast von Täuschung und Betrug verfaulen lassen um kleiner Vorteile wegen.

Die Ehrlichkeit hat es heute an der Börse der Moral schwer. Am ehesten finden wir sie noch beim sogenannten »kleinen Mann«, der Tag für Tag seine Pflicht tut, der nicht lügt und betrügt, der Steuern zahlt bis an die Schmerzgrenze, der sich liebevoll um Familie und Freunde kümmert. Aber das bringt keine Schlagzeilen. Nur in Neujahrsansprachen gibt es für ihn mal ein paar Streicheleinheiten, und das war es dann. Mit diesem traurigen Befund möchte ich heute aber nicht enden. Darum zum Schluss ein heiteres Wort von Roda Roda: »Ehrlich währt am längsten – eine Lüge, die die Gauner ausgestreut haben, um eine Überfüllung des Berufes zu verhindern.«

LIEBESERKLÄRUNG AN EINE KLEINE STRANDBUDE

Gleich wird es so weit sein, gleich werde ich an den Strand gehen, den ich einen langen Winter nicht betreten habe, werde am Meer entlanglaufen, werde die ersten Strandkörbe sehen, werde die kleine Holzbude wiederfinden, in der ich im vergangenen Sommer meine Zeitung, Getränke, Zigaretten, Eis, Würstchen, Spielzeug gekauft habe. Ich werde der freundlichen Frau ein Hallo entgegenrufen, denn ich werde mich freuen, sie wiederzusehen. Ja, gleich beginnt für mich die Saison!

Schon habe ich den Wagen in einer Seitenstraße geparkt, schon gehe ich, mit Bademantel und Badetasche, strandwärts, irgendwie gehe ich schneller als sonst, die Verheißung eines schönen Sommers liegt schon in der Luft, auch wenn ich noch einen Pullover tragen muss – da bleibe ich plötzlich stehen! Habe ich mich geirrt? Bin ich an einer falschen Stelle gelandet?

Die kleine Holzbude ist nicht mehr da! Sie ist wie weggezaubert. An ihrer Stelle steht ein Getränkeausschank aus Stein und Beton. Neonlicht auf dem Dach. Viele Plakate ringsum. Werbung. Spiegelglatte Scheiben. Ich trete näher an diesen Steinquader heran. Innen sehe ich: Kühlschränke, Supergrill, Plexiglas, Kaffeemaschinen, technische Ungeheuer mit einem sicher ungeheuren Ausstoß.

Ich halte inne, überlege, ob ich weitergehen soll. Ist dies noch der Strand meiner Erinnerung? Ich schließe für einen Augenblick meine Augen. Ich sehe die alte, verwaschene, fast verfallene Holzbude vor mir, die hier früher stand. Ich sehe die alten Holzstühle, auf denen ich saß, um einen Imbiss einzunehmen, sehe die lange Schlange der Kinder vor dem winzigen Schalter, hinter dem die freundliche alte Frau geduldig das Wechselgeld für Gummibären und Pfefferminz herausgab.

Mein Gott, wie ausdauernd haben wir hier gewartet! Wie genau konnten wir den Grad unserer fortschreitenden Erholung an der Geduld messen, wenn wir in der Schlange standen. Wie viele Gespräche gab es damals mit Kindern, mit Vätern – und wenn man Glück hatte, war sogar ein Flirt dabei.

Und nun? Nun gibt es gleich vier Schalter: Zwei zur Straßenseite, zwei zur Strandseite, nun wird alles ganz schnell gehen, alles ist durchrationalisiert, Eis hier, Zeitungen dort, Würstchen dort, Schleckerkram hier. Kaum noch warten! Die Würstchen immer heiß, aus solchen silbernen Kästen können nur heiße Würstchen kommen. Und die Zeitungen und Zeitschriften fein säuberlich in Regalen. Marketing, wo ist dein Sieg?

Ich schaue in den noblen Laden und suche die kleine freundliche Frau vom vergangenen Sommer. Sie ist nicht da. Zwei Mädchen sind da und ein Mann. Vermutlich Angestellte. Ich frage schüchtern und höre etwas von Verpachtung. Und dann die schnelle Frage: Was darf's denn sein?

Ich möchte sagen: Ich suche das kleine verwinkelte ungeordnet-geordnete Glück vom letzten Sommer, suche die geduldige Frau mit den Wechselpfennigen. Ich suche nicht die Automaten für die Getränke, die neben der Bude stehen. Ich suche nicht die eleganten Stahlstühle, die jetzt an den Imbisstischen stehen – ich suche die schiefen Holzstühle, die immer so schön wackelten. Natürlich sag ich es nicht. Ich weiß ja, ich brauche nur kurz nachzudenken, dass die alte Erfrischungsbude nicht so weiterexistieren konnte, dass sie unrentabel war. Und ich werde natürlich meinen kleinen Strandbedarf hier kaufen, den ganzen Sommer lang. Aber ein Stück Jugendzauber ist dahin, das weiß ich auch.

Wo man als Kind die Träume vom Himmel holte

Plötzlich kommt dann auf eine sehr geheimnisvolle Weise dieses Gefühl: Man müsste doch einmal wieder die Stätten seiner Jugend besuchen. Dort vorbeischauen, wo man als Kind Träume vom Himmel holte. Nur einmal nachsehen, ob noch alles so ist, wie es in den Gedanken aufgezeichnet ist: so groß, so weitläufig, so bunt, so ungeheuer lebendig.

Und dann macht man den Fehler und fährt eines Tages – vielleicht auf einer Ferienreise, vielleicht auf einer Dienstreise, vielleicht auf einer Extrareise – hinein in seine eigene Vergangenheit. Schon die Einbiegung in die Straße, die doch einst Schicksal war – damals, als die Schulmappe immer schwerer wurde, als man hier dem Abitur zustrebte –, schon diese Einbiegung lässt erkennen, dass die Erinnerungen alles verschoben haben. Oder: dass inzwischen Straßenbauer am Werk gewesen sind; denn die Kurve am Stadtpark ist schneller genommen, der Weg ist kürzer, das Ziel viel kleiner – das damalige Elternhaus, da steht es nun seltsam vertraut und fremd zugleich. Es ist viel schmächtiger, es passt so gar nicht zu meiner kolossalen Kindheit.

Die Tür zum Garten: verwittert. Die Hecke, in der wir uns versteckten, um die vom Markt heimkehrende Mutter zu überfallen, würde Dornröschen zur Ehre gereichen. Die Tannen, die fünf stolzen Paradestücke vor dem Haus: Jetzt erst hatten sie den Schornstein knapp überrundet – wie hoch waren sie mir schon damals, vor Jahrzehnten, erschienen! Alles machte einen dahinwelkenden Eindruck. Ich schlich um das Haus, wurde aus dem Küchenfenster argwöhnisch beobachtet – wer hat schon gern, wenn sein Besitz so genau inspiziert wird –, und ich konnte doch nicht erklären, wie harmlos dieser Ausflug in die Vergangenheit zu bewerten ist. Ich wusste nur, dass ich in ebenjener Küche – vor vierzig Jahren – absichtlich einen Topf Spinat vom Herd gestoßen hatte, als niemand in der Küche war – ich mochte keinen Spinat.

Auf der Rückseite des Hauses: die Fliederlaube, in der ich meine Schularbeiten machte, sobald es Sommer gab, aber auch hier war alles Verwunschene verschwunden. Und auch der Himmel über dem Haus kam mir kleiner, unbedeutender vor, als ich ihn in Erinnerung hatte, und spätestens in diesem Augenblick spürte ich, dass ich einer doppelten Täuschung zum Opfer gefallen war: Die Dinge des Lebens sind eben nicht nur die viel beschworenen Realitäten, sie sind eben auch die Bilder, die wir uns von ihnen machen.

Mein Elternhaus war bis vor wenigen Stunden für mich gewesen: groß, nobel, weitläufig, von Sonne überstrahlt, von Flieder umzäunt, inmitten eines Tannenwaldes, eine herrliche Geschichte mit einem roten Luftballon am Schornstein, und sogar das Fahrrad, das mir auf dem Schulhof gestohlen worden war und noch lange durch meine verängstigten Träume fuhr, kam auf eine geheimnisvolle Weise immer wieder, wie es eben nur in Träumen und in Märchen geschieht ...

Und nun, nach diesem Besuch, war mein Elternhaus: nicht so groß, bei Weitem nicht so nobel, an einer Straße gelegen, die schon eine so merkwürdig armselige Einbiegung hat – wirklich: Ich hätte diesen Besuch in der Erinnerung nicht machen dürfen. Wann werde ich nur begreifen, dass die Wahrheiten von gestern nichts mit den Wahrheiten von heute zu tun haben.

Was ist wichtiger als eine echte Freundschaft?

Er ist mein Freund. Er ist es seit zwanzig Jahren. Es ist eine Freundschaft auf der Sonnenseite der Straße. Lange Zeit gingen wir gemeinsam, nicht im gleichen Schritt, aber doch denselben Weg. Dann kam eine Gabelung – und er machte das, was man eine steile Karriere nennt. Er tauchte ein in die geheimnisvolle Welt der Mächtigen – und veränderte sich.

Nicht sofort, eher schrittweise. Anfangs rief er noch öfter aus dem Olymp herunter bei mir an. »Hast du Zeit auf ein Bier?« – »Wollen wir nicht mal wieder mit unseren Damen essen gehen?« Es war dann eine Stimmung zwischen uns wie in vergangenen Tagen. Und nachdem wir uns trennten, sagte meine Frau schon mal: »Erstaunlich, er ist ganz der Alte geblieben.«

Damit meinte sie: Mein Freund hat nicht abgehoben, geht nicht auf Wolken, kann noch zuhören, redet nicht nur selber wie die meisten, die es geschafft haben. Und die es gewohnt sind, dass alle anderen die Ohren aufklappen, wenn sie als Chef Bedeutendes von sich geben.

So ging das zwei, drei Jahre, dann wurden die Anrufe seltener. »Zeitmangel«, sagte er. »Mein Beruf frisst mich auf«, klagte er, »aber da muss ich durch.« Es klang verbissen.

Wenn wir uns dann einmal wiedersahen, selten genug, gab es wie in unseren früheren Jahren eine Umarmung, ein Aufleuchten in seinen Augen. Die Erinnerung an jene leichteren Zeiten stellte sich ein, als der Druck der Verantwortung noch nicht so groß war. Man konnte glauben, das Band der Freundschaft hielte uns noch zusammen, trotz der Pausen, die aber immer länger dauerten.

Meine Frau fragte mich dann schon mal in zweifelndem Ton: »Glaubst du immer noch, dass ihr befreundet seid? Oder klammerst du dich nicht vielmehr an eine Illusion?« Doch da mir unvorstellbar erschien, dass ein Freund nur deshalb kein Freund mehr sein soll, weil er in den Velours-Etagen der Macht residiert, sagte ich nur: »Du wirst schon sehen, wenn er in ein paar Jahren aussteigt, wird es sein wie immer mit uns.«

Seit gestern glaube ich das nicht mehr so ganz. Mein Freund war einmal wieder in unsere Stadt gekommen, ein Empfang auf höchster Ebene rief ihn herbei. »Man muss bei solchen Anlässen sein Gesicht zeigen, sonst ist man weg vom Fenster«, sagte er zu mir. Und nichts ist für ihn, der noch das große Rad dreht, bedrohlicher als dieses Gefühl, weg vom Fenster zu sein.

Er hatte mich bei dem Empfang nicht vermutet. So war er zuerst erschrocken, dann für Sekunden auch peinlich berührt, mich plötzlich dort inmitten der Wichtigen zu entdecken, zumal er vor einiger Zeit fest versprochen hatte, mich anzurufen, wenn er »in town« ist.

Und vordergründig betrachtet, lief unser Gespräch sofort wieder auf vollen Touren. So war es immer bei uns. Aber als ich ihm davon berichtete, dass meine Frau plötzlich in die Klinik eingeliefert werden musste, eine Notoperation …

Was soll ich sagen? Während ich ihm also diese Information gab, sah ich, wie sein Blick abschweifte, er entdeckte jemanden, der ihm wichtig war, wichtiger als ich, wichtiger auch als mein Hinweis auf die Operation. Er gab sich einen Ruck, er wollte den Wichtigen, der da vorbeistreifte, nicht verpassen und ließ mich mit einem »Entschuldige …« einfach stehen.

Als er nach etwa drei Minuten zurückkehrte – dies immerhin! –, klagte er darüber, was man alles an Kontakten ertragen müsse. Und wie hoch der Preis sei, den man dafür bezahlt. Vielleicht spürte er wenigstens in diesem Moment, dass es falsch ist, wenn man als Wichtiger andere Wichtige wichtiger nimmt als die Handvoll echter Freunde, die man in Wahrheit hat und durch abschweifende Blicke eigentlich nicht verprellen – und verlieren sollte.

Wenn etwas Wunderbares beginnt

Der Tag mag sein, wie er will, sonnig und heiter oder dunkel und mit Wolken verhangen, wir mögen müde sein, hellwach, munter oder traurig, die Weltlage mag schief sein oder gerade, die Erde voll von Hiobsbotschaften, irgendwie lenken wir irgendwann unsere Schritte irgendwo hin – und dann geschieht es …

Wir hätten auch ganz woanders sein können in dieser Minute, die nun so wichtig wird, und wir werden später sagen, dass das »Schicksal« mit im Bunde war. Und so sind wir nun hier und schauen in ein Paar Augen, in ein Lächeln, wenn wir Glück haben.

Alle unsere Sinne werden sekundenschnell wach, wir sind, während wir senden, gleichsam auf Empfang, weil wir spüren, dass etwas Wunderbares im Entstehen ist – die Liebe ist da.

Natürlich wissen wir nicht, wie wir mit diesem Gefühl umgehen müssen, weil sein Wesen nicht die Vergleichbarkeit ist, sondern die Einmaligkeit, ähnlich der hoch gespannten Stimmung bei einer Premiere. Wir kennen das Stück nicht, das nun beginnt, und wissen schon gar nicht, wie es enden wird. Die Liebe kennt keine Voranmeldung, sie gibt keine Visitenkarten ab, sie kommt vielmehr meist unscheinbar daher und will behutsam angenommen werden, obwohl sie – Babys kurz nach der

Geburt vergleichbar – viel stärker belastbar ist, als wir meinen.

Denn die Liebe erträgt in Wahrheit alles: den mutigen Angriff, die schüchterne Annäherung, das raffinierte Werben, das Zupacken, die Zärtlichkeit. Nur eines erträgt sie nicht: dass nichts geschieht. Man muss die Gelegenheit buchstäblich beim Schopfe packen.

Aber dann beginnt sofort die große Verzauberung. Wie in einem Vexierbild erscheint die Welt völlig neu: andere Farben, Töne, Gedanken, Träume und Taten.

Das Bedeutende am Beginn einer Liebe ist ihr prägender Charakter – wenn hier etwas schiefläuft, wenn neben Enttäuschungen und Tränen auch noch seelische Verletzungen hinzukommen, dann kann das ein Schaden sein, von dem man sich nur schwer wieder erholt.

Das Schönste am Beginn der Liebe ist, dass sie einem als Geschenk erscheint. Sie ist nicht zu erzwingen, zu kaufen, zu manipulieren. Sie ist ganz da – oder gar nicht. Die plötzliche Nähe zu einem Menschen, der gestern noch ohne Bedeutung, ja nicht einmal sichtbar war, verwandelt uns.

Dieser Mensch kann Fehler haben, er kann ganz anders sein und auch aussehen, als wir ihn uns erträumt haben, nur eines muss geschehen: Der Funke muss überspringen.

Und der Gedanke, dass diese Liebe morgen zu Ende sein könnte, dass sie im Streit zerbricht oder langsam vor sich hin stirbt? Dieser Gedanke ist höchstens als eine Angst für kurze Momente in dir, der Preis für das Glück, das von außen so unbeschwert erscheint.

Dem einen gelingt es, die Liebe festzuhalten, dem anderen entgleitet sie wieder. Aber selbst hierbei geschieht Wundersames: Sogar diesen Verlust, schmerzhaft wie kaum ein anderer, möchte niemand missen. Die Erinnerung bleibt kostbar. Denn eine echte Liebe, die ernsthafte Zwillingsschwester der leichtfüßigen Verliebtheit, ist von dem Gefühl bestimmt, dass eigentlich alles erst begann, als der geliebte Mensch kam.

Ist es nicht ein Armutszeugnis, dass die Menschen oft unfähig sind, etwas so Schönes festzuhalten und zu bewahren?

Der Drang nach ewiger Jugend

Schauen wir uns um – und wir müssen dazu nicht in Fitnessstudios gehen –, horchen wir hinein in unsere Alltagsgespräche – und das muss nicht in einem Altenheim sein –, so vernehmen wir seltsame, höchst überraschende Laute, und wir hören sie immer öfter. Will man sie in einer Formel zusammenfassen, dann heißt diese etwa: »Ich möchte auf keinen Fall jünger sein! Ich bin glücklich, so alt zu sein, wie ich bin.«

Das klingt nach Klage und Anklage, das spiegelt auf den ersten Blick ein unnatürliches Denken, da muss in unserer Gesellschaft etwas in die falsche Richtung gelaufen sein. Denn positiver und weitaus natürlicher wäre es, würde man hören, und dies besonders in unserer Zeit, die den Jugendkult so inbrünstig zelebriert: »Was gäb ich nicht alles dafür hin, könnte ich noch einmal jung sein!«

Vordergründig besehen, ist unser Leben von einem Drang nach Jugend, Frische, Fitness beherrscht. Dieser Drang scheint ungebrochen. Gibt es nicht überall ein Hetzen und Jagen nach all den Glücksverheißungen, die sich mit dem Jungsein verbinden?

Und wenn wir bei dieser Jagd auch oft außer Atem kommen, wir laufen alle mit, wir wollen zur Stelle sein, wenn die Göttin der Jugend und Schönheit sich neigt und ihre Gaben an die Sieger verteilt.

Auch die Alten sind mit auf der Piste. Sie trimmen sich in Gymnastikkursen, sie werfen sich Vitaminbomben in den Rachen, sie düsen um den Erdball – unvergesslich für mich die knorrigen zähen Alten einer amerikanischen Reisegesellschaft, die auf dem Felsplateau der Festung Masada im Heiligen Land unter glühender Sonne den höllischen 40-Grad-Strapazen einer »Israel-Rundreise in drei Tagen« trotzten.

Und so erscheinen uns am Horizont des Lebens die rosaroten Bilder einer wunderbaren Illusion: auf ewig jung, auf keinen Fall aber schon alt zu sein. Wer sechzig wird, sagt sich tröstend, erst mit siebzig ist es so weit. Wenn er dann diesen Geburtstag gepackt hat, schielt er auf die achtzig. Wie schön, dass der Mensch mit seinem eingebauten Hilfsmotor namens Hoffnung so überlebensfähig durch die immer steileren und engeren Serpentinen des Lebens kutschiert.

Aber kein Licht ohne Schatten, kein Sonnenaufgang ohne die rotviolette Sonnenkugel im Abenddämmern! Und so erklingt eben auch die andere, etwas düstere Melodie: Gut, dass ich es bis hierher geschafft habe. Was ich erleben durfte, kann mir niemand nehmen. Und von der Zukunft ist nur eines gewiss: die Ungewissheit, besonders heute.

Ein Mann, etwa sechzig, nach seiner eigenen Bekundung im Schattenreich zwischen Noch-Jungsein und Alter, antwortete in meiner kleinen privaten Umfrage, er sei zutiefst davon überzeugt, hier in Deutschland die schönste Zeit erlebt zu haben, die es auf diesem geschundenen Globus je gegeben hat.

Dieser Aufstieg aus den Trümmern des grausamsten Krieges hinein in den Wohlstand sei faszinierend gewesen, und das alles geschah in Frieden und Freiheit – »das klingt zwar pathetisch, stimmt aber trotzdem«.

Und da er am Himmel die Blitze erkennt und deuten kann, die von sozialen Spannungen, von einem schleichenden Verfall so vieler Werte künden, dankt er seinem Schöpfer für die »Gnade der frühen Geburt«. Denn wer weiß, was noch alles auf uns zukommt.

Sind nicht auch im Hotel, so fragte er mich, die nächsten Gäste etwas schlechter als die, die gerade ihre Koffer gepackt haben und weggefahren sind? »Wer viel reist, kennt doch diese leidige Erfahrung.« Und genauso sei es auch bei der großen Reise, die wir Leben nennen …

»Im Grunde ist es doch traurig, dass ich froh bin, schon so alt zu sein, finden Sie nicht?«, fragte er mich beim Abschied. Ich wusste keine ehrliche Antwort und schon gar nicht ein Wort des Trostes.

In Gedanken versunken, gehe ich über den Münchner Rosenkavalierplatz. Plötzlich ruft jemand meinen Namen. Ich entdecke im Halbdunkel unter einer Markise einen Mann, etwa um die fünfzig, und er sitzt im Rollstuhl. Und er merkt, dass ich nach einer Spur der Erinnerung suche. Als er mir dann seinen Namen nennt, dämmert es bei mir: Richtig, wir arbeiteten einmal zusammen, in einem großen Haus, Jahrzehnte sind seither vergangen.

»Sie wirken so nachdenklich«, sagt er nun. »Ja«, antworte ich, »ich denke gerade über meine nächste Kolumne nach.«

»Schreiben Sie doch über Menschen, die plötzlich steinreich werden« – ein Freund von ihm habe über Nacht eine Million gemacht, seitdem habe er total abgehoben, schrecklich.

»Ich werde es mir überlegen, aber vielen Dank für die Anregung.« Mit einem »Grüß Gott« trennen wir uns.

Zehn Minuten später. Ich sitze mit einem »Einspänner« im »Wiener's Café«, tanke Sonne, lese Zeitung, da kommt der ehemalige Kollege noch einmal zu mir, reicht mir einen Zettel.

Er habe mir schnell aufgeschrieben, was ihm so durch den Kopf gehe, wenn er die Menschen beobachte: ihre

185

Gier und ihre Hast, ihre Einsamkeit, ihr »Maus-in-der-Trommel-Leben«, oft auch dieses Hineingestoßenwerden in ein Gefühl von Sinnlosigkeit.

»Darüber schreiben Sie doch hin und wieder«, sagt er und reicht mir das Papier. »Sie können meine Notizen verwenden, wie Sie wollen«, ruft er mir noch zu und rollt davon.

Schon nach Lektüre der ersten Zeilen weiß ich: Seine Gedanken müssen ungefiltert weitergegeben werden, in ihnen steckt die Weisheit eines Menschen, der Schmerz und Verlust erlitten und überwunden hat.

Kein anderer könnte schreiben, was ich nun lese: »Wie viele Menschen können aufstehen, wissen aber nicht, warum. Können stehen, wissen jedoch nicht, wozu. Können laufen, ohne zu wissen, wohin. Wie viele Menschen können hören, und verstehen dennoch nicht. Können sehen, aber erkennen nicht. Wie viele Menschen haben eine Stimme, aber nichts zu sagen. Wie viele Menschen haben ein gesundes Herz, aber nichts, wofür es schlägt.«

Da also war die Botschaft aus seinem Rollstuhl. Erkennen Sie andere Menschen darin wieder? Oder gar sich selbst? Machen Sie es wie ich: Lassen Sie diese Zeilen noch einmal in sich nachschwingen. Denn so viel Wahrheit in so wenigen Zeilen, das ist kostbar, das gibt es nur selten.

Leere Gesichter über vollen Brieftaschen

Ein paar Tage in einem Luxushotel. Sechs Sterne im Prospekt. Komfort wie im Breitwandfilm. Die Küste ist ein goldener Sandteppich, die Landschaft ein wilder Garten, das Meer von unglaublicher Schönheit. Nur … nur die Menschen …

Nein, diese gelangweilten Gesichter! Dieses dauernde »den Kopf in die Sonne recken«. Dieses einförmige Gerede über Essen und Trinken – und sonst fast gar nichts. Die Weinkarte hat man einmal rauf und runter getrunken. Die Vier-Gänge-Menüs? »Also hören Sie, das hat man doch schon mal besser gehabt.« War es in Marbella oder Nizza oder auf Mallorca?

Die Reichen und die Schönen und die Verwöhnten haben so ihre eigenen Probleme. Der Bademeister im Swimmingpool hat eine zu große Trinkgeldhand. Das Zimmermädchen vergaß die Badewanne. Und Kaffee können sie alle sowieso nicht kochen. Ich traute meinen Ohren nicht bei diesem Katalog läppischer Sünden.

Da standen sie nun in ihrem »Luxus-Schuppen« und schimpften. Sie schimpften ganz ohne Grund, ein Opfer ihrer eigenen Maßlosigkeit und Langeweile. Sie taten mir zutiefst leid. Selten sah ich so leere Gesichter über so gefüllten Brieftaschen. Da war ein Stück vom (Touristen)-Paradies, ein blauer Zipfel des Glücks, eine kleine

Bühne für etwas Spaß und Genuss, aber es war ihnen alles nicht genug. Die Antennen für die schönen Dinge sind bei zu vielen Menschen gestört.

Die Unzufriedenheit ist eine der großen Krankheiten dieser Zeit. Sie hat sich längst auch schon auf der Sonnenseite des Lebens eingenistet. Man möchte hingehen und die Menschen packen, hin und her schütteln, sie erinnern an all die Leiden und Entbehrungen der Vergangenheit, an den steinigen Weg seit 1945 in dieses seidenweiche Ferienglück – damit sie sich besinnen.

Der böse Bruder der Unzufriedenheit ist die Undankbarkeit. Und wo diese Zwillinge auftauchen, ist der liebe Gott mit Sonne, Meer und Palmen – ist der Mensch mit Langustencocktail, Klimaanlage, Continental-Breakfast und allerlei anderem Komfort-Schnickschnack machtlos. Das ist bei den ganz Reichen so – und bei den weniger Reichen häufig leider auch.

Wir müssen die Freude wieder lernen.

Danksagung

Beim Nachdenken über mein berufliches Leben bleibt mir nur noch, der Chefredaktion der »Welt am Sonntag«, vor allem Dr. Ulf Poschardt, dafür zu danken, dass ich seit 1988 meine Sonntags-Kolumne in dieser großen wunderbaren Zeitung schreiben kann. Und ich danke meinem Freund Kai Diekmann, dass er mein journalistisches Herz in Schwung hält, indem er mir immer wieder BILD-schöne Möglichkeiten bietet, meine nachdenklichen Texte zu über 10 Millionen Leserinnen und Lesern zu bringen.

Weitere Bücher von Peter Bachér

Der »Herbst des Lebens« ist nicht nur Sonnenschein, sondern auch Sturm und Stille: Peter Bachérs versöhnliche Annäherung an das Alter zeigt, was wichtig ist und wie jeder Einzelne sein Alter gestalten kann.

Die Wahrheit über das Alter
ISBN 978-3-7844-3228-1

Peter Bachérs eindringliche Beobachtungen unterhalten und lassen Raum für eigene Erkenntnisse. Sein Buch macht Mut, das Leben immer wieder neu zu entdecken.

Alle Karten auf den Tisch
ISBN 978-3-7844-3294-6

Langen*Müller*   www.langen-mueller-verlag.de